Philipp Hergenröther

Der Gehorsam gegen die weltliche Obrigkeit und dessen Grenzen nach der Lehre der katholischen Kirche

Philipp Hergenröther

Der Gehorsam gegen die weltliche Obrigkeit und dessen Grenzen nach der Lehre der katholischen Kirche

ISBN/EAN: 9783743471481

Hergestellt in Europa, USA, Kanada, Australien, Japan

Cover: Foto ©Lupo / pixelio.de

Weitere Bücher finden Sie auf **www.hansebooks.com**

DIE LEHRE

DES

HL. PASCHASIUS RADBERTUS

VON

DER EUCHARISTIE.

MIT BESONDERER BERÜCKSICHTIGUNG
DER STELLUNG DES HL. RHABANUS MAURUS UND DES
RATRAMNUS ZU DERSELBEN.

VON

DR. JOSEPH ERNST.

VON DER THEOLOGISCHEN FACULTÄT DER UNIVERSITÄT WÜRZBURG
APPROBIRTE INAUGURALDISSERTATION.

———•••———

FREIBURG IM BREISGAU.
HERDER'SCHE VERLAGSHANDLUNG.
1896.
ZWEIGNIEDERLASSUNGEN IN *WIEN, STRASSBURG, MÜNCHEN* UND *ST. LOUIS*, MO.

Inhaltsverzeichniss.

II. Abtheilung.

Die Stellung des hl. Rhabanus Maurus und des Ratramnus zu der Lehre des hl. Paschasius Radbertus.

Vorbemerkungen über das Leben und die eucharistischen Schriften des hl. Paschasius Radbertus[1].

Paschasius Radbertus[2] wurde um das Jahr 786 in Soissons oder doch in der Umgegend dieser Stadt von unbekannten Eltern geboren. Seine erste Erziehung erhielt er im Benediktinerinnenkloster zu Soissons, wo er auch die Tonsur empfing. Nach vorübergehendem Aufenthalte in der Welt trat er noch in jungen Jahren in das in frischem Aufblühen begriffene Benediktinerkloster Alt-Korvey ein, an dessen Spitze damals Adalhard der Aeltere stand, gleich berühmt durch die Heiligkeit seines Wandels wie durch seine politische Thätigkeit[3]. Unter der Leitung dieses ausgezeichneten Abtes scheint Paschasius sich jenen Geist tiefer und aufrichtiger Frömmigkeit angeeignet zu haben, der in allen seinen schriftstellerischen Werken

---

[1] S. Paschasii Radberti elogium historicum von Mabillon, Acta S. S. Ord. S. Bened. saec. IV. P. II. S. 122 ff., auch abgedruckt bei Migne 120, 9—24.

Mabillon, Dissertatio de controversiis eucharisticis saec. IX. cap. I. § 1 in Acta S. S. Ord. S. Bened. saec. IV. P. II.

Hausher, Der hl. Paschasius Radbertus, Mainz 1862, S. 3—40.

[2] Er hiess ursprünglich Radbertus; Paschasius war ein angenommener Name. Aehnlich nennt Paschasius selbst Adalhard den Aeltern Antonius oder Augustinus, dessen Bruder Wala Jeremias oder Arsenius und den Abt Warin von Neu-Korvey Placidus oder Placidius.

[3] Adalhard der Aeltere — so genannt zum Unterschiede von Adalhard dem Jüngeren, der während der Verbannung des älteren Adalhard (814—821) stellvertretender Abt von Alt-Korvey und dann erster Abt von Neu-Korvey war —, Sohn Bernhards, des Bruders des Königs Pipin, also Enkel Karl Martells und Vetter Karls des Grossen, verwaltete eine Zeitlang im Auftrage Karls des Grossen Italien. Er starb 826. Sein Bruder Wala war lange Oberbefehlshaber in Sachsen, wurde dann Mönch und starb 836 als Abt von Bobbio.

so wohlthuend sich geltend macht. Neben den Uebungen der
Frömmigkeit wurde aber die Pflege der Wissenschaften nicht
vernachlässigt. Bei seiner grossen Begabung und seinem eisernen
Fleisse machte der junge Mönch solche Fortschritte, dass er
schon nach wenigen Jahren zum Lehrer an der blühenden
Klosterschule von Alt-Korvey ernannt werden konnte.
Adalhard der Jüngere, St. Ansgar, der Apostel des Nordens,
Warin, der spätere Abt von Neu-Korvey und viele andere, die
sich in der Folge einen Namen machten, gehörten zu seinen
Schülern. Daneben hatte er schon lange vor seiner Erhebung
zum Abte das ehrenvolle Amt, an den Sonn- und Festtagen
seinen Ordensgenossen die Evangelien zu erklären, obwohl er
nicht Priester war, sondern aus Demuth stets Diakon blieb[1].
Wiederholt erlitt diese stille, auf sein Ordenshaus be-
schränkte Wirksamkeit längere Unterbrechungen durch die
Reisen, welche er als Freund und Berather der beiden Aebte
Adalhard und Wala, als Vertreter seines Ordens, sowie als
Gesandter Kaiser Ludwigs des Frommen unternehmen musste.
So begleitete er 822 Adalhard und Wala nach Sachsen, um
die Gründung von Neu-Korvey zum Abschluss zu bringen.
Im Jahre 844 erfolgte seine Wahl zum Abt von Alt-
Korvey. Als solchen finden wir ihn zwei Jahre später (846) auf
dem Concile von Paris, wo er für sein Kloster die Bestätigung
der Immunität erhielt[2], ebenso 849 auf der Synode zu Quiercy
gegen Gottschalk. 851 legte er in Folge des Widerstandes,
den ein Theil der Mönche seinen Reformplänen entgegensetzte,
seine Würde nieder und lebte dann wahrscheinlich noch bis
zum Jahre 865. Als sein Todestag wird der 26. April angegeben, an dem auch die Diöcese Soissons sein Fest feiert.
Paschasius beschäftigte sich mit Vorliebe mit der hl. Schrift,
zu deren Verständniss er in ausgedehnter Weise die Werke der
Väter heranzog. Die Frucht dieses Studiums sind seine drei
grossen Commentare zum Evangelium des hl. Matthäus, zu dem
44. Psalm und zu den Klageliedern des Propheten Jeremias.

---

[1] Daher pflegte er sich zu nennen: Paschasius Radbertus Levita,
monachorum omnium peripsema.

[2] Das Decret bei Migne 120, 27 ff.

Indessen liegt seine Bedeutung weniger auf exegetischem als auf dogmatischem Gebiete. Und hier ist er besonders durch seine Abhandlungen über das Altarssacrament bekannt und epochemachend geworden. Es sind hauptsächlich[1] zwei Werke, in denen er seine Ansichten über die Eucharistie entwickelt: das Buch De corpore et sanguine Domini und die Epistola ad Frudegardum. Das Buch De corpore et sanguine Domini ist dem Abte Placidius von Neu-Korvey, d. h. Warin, gewidmet. Es sollte für diesen und seine Mönche eine Anleitung sein, wie sie die jungen Sachsen am zweckmässigsten über das allerheiligste Sacrament des Altars unterrichten könnten. Seine Abfassung fällt in die Zeit, wo Arsenius oder Jeremias, d. h. Wala, in der Verbannung lebte und durch die Kämpfe der Grossen um das Reich (Anspielung auf den Kampf Ludwigs des Frommen mit seinen Söhnen) der Erdkreis wankte[2]. Das führt uns in den Anfang der dreissiger Jahre des 9. Jahrhunderts[3].

Nach seiner Wahl zum Abte widmete Paschasius dasselbe Werk dem Könige Karl dem Kahlen als Festgabe zu Weihnachten, und zwar wahrscheinlich schon 844. Wir sagen: dasselbe Werk; denn es erklärt der Abt von Korvey in seinem Widmungsschreiben an den König Karl[4], er habe das Buch schon früher seinem Placidius, dem Abte Warin, gewidmet. Ausserdem wäre es doch, hätte Paschasius zwei Werke über die Eucharistie geschrieben, höchst auffallend, dass von dem einen nicht bloss alle Handschriften, sondern auch alle Kunde verloren gegangen sein sollte, während das andere nicht nur in zahlreichen Handschriften existirt, sondern auch im 9. und in den folgenden Jahrhunderten häufig erwähnt wird. Nun erzählt freilich der sogen. Anonymus Cellotianus (Gerbert), Paschasius habe über die Eucharistie ein Buch von fast 100 Kapiteln geschrieben (ad centum fere capitula)[5]. Da nun keine der bekannten Handschriften das Werk des Paschasius in un-

---

[1] Gelegentliche Aeusserungen finden sich noch im Commentar zum Matthäusevangelium.

[2] Vgl. Prologus ad Placidium, Migne 120, 1264 f.

[3] Gewöhnlich nimmt man 831 als das Jahr der Abfassung an.

[4] Epist. ad Carolum Regem, Migne 120, 1260.

[5] De corpore et sanguine Domini, Migne 139, 177.

gefähr 100 Kapitel eintheilte, sondern die meisten in 22[1], ausserdem Paschasius verschiedentlich von einem Buche De sacramentis spricht[2], so schloss Cellot[3], Paschasius habe zwei Bücher über die Eucharistie geschrieben: ein längeres von ungefähr 100 Kapiteln mit dem Titel De sacramentis Christi und ein kürzeres von 22 Kapiteln mit dem Titel De corpore et sanguine Domini; jenes sei verloren gegangen, dieses sei dasjenige, welches wir noch besitzen. Allein diese Ansicht ist hinfällig geworden, nachdem Mabillon im codex Laubiensis das Buch Radberts entdeckt hat. Diesen codex Laubiensis, welcher das Buch des Paschasius in 99 Kapitel eintheilt, scheint der Anonymus Cellotianus im Auge gehabt zu haben, da er behauptete, Paschasius habe ein Buch von fast 100 Kapiteln über die Eucharistie geschrieben. So müssen wir also sagen: Paschasius hat nur ein Buch über die Eucharistie geschrieben (abgesehen natürlich von der schon erwähnten epistola ad Frudegardum), eben das, welches wir noch besitzen. Es wird bald De sacramentis betitelt, bald De corpore et sanguine Domini. Paschasius hat es zuerst seinem Schüler Warin und später dem Könige Karl dem Kahlen gewidmet.

Durch die Widmung an Karl den Kahlen wurde nun das Buch in weiteren Kreisen bekannt[4]. Während bislang noch kein Widerspruch gegen den Inhalt desselben laut geworden

---

[1] Die Zahl der Kapitel wechselt in den Handschriften, ebenso die Ueberschriften. Die Ausgaben von Sirmond und Martène haben 22 Kapitel. Migne hat die Ausgabe von Martène aufgenommen. Ob die Eintheilung in 22 Kapitel die ursprüngliche ist und ob besonders die dortigen Ueberschriften von Paschasius herrühren, dürfte mehr als zweifelhaft sein, da die Kapitel häufig einen weiteren Inhalt haben, als die Ueberschriften anzeigen.

[2] So bezeichnet er in der Widmungsschrift an Karl den Kahlen das Buch, das er früher dem Abt Warin gewidmet habe, mit dem Titel De sacramentis sacrae communionis. Epist. ad Frudeg. (In Matth. 26, 26). Migne 120, 1357 beruft er sich auf ein Buch, „quem de sacramentis Christi edideram".

[3] Im opusc. VII. appendic. miscell. zu seiner Hist. Gotteschalci, S. 548.

[4] Das hatte Paschasius mit seiner Widmung an den König bezweckt. Vgl. Epist. ad Carolum Reg., Migne 120, 1261.

war, erhoben sich jetzt bald Stimmen, welche einzelne Sätze
desselben angriffen. So wurde es die Veranlassung zu dem
ersten Abendmahlsstreite. Eine theilweise Antwort auf jene
Angriffe gab Paschasius in seinem Briefe an den Mönch Frudegard. Diese Epistola ad Frudegardum, in den letzten Lebens-
jahren des Paschasius geschrieben, besteht aus drei Theilen:
dem eigentlichen Briefe und zwei Zugaben, nämlich einem
Fragmente aus dem Commentare zum Matthäusevangelium (es
ist die Exegese zu den Einsetzungsworten)[1] und einer Samm-
lung von Väterstellen mit erläuternden Bemerkungen (Senten-
tiae Catholicorum Patrum). Hauptinhalt aller drei Theile ist
der ausführlichere Beweis für die reale Gegenwart, beziehungs-
weise für die Identität des eucharistischen und des natürlichen
Leibes Christi[2].

---

[1] Dieses Fragment steht im 12. Buche des erwähnten Commentars.
Das 9.—12. Buch sind aber nach der Amtsniederlegung des Paschasius
geschrieben. Darnach fällt die Abfassung jenes Fragmentes ebenfalls
in die letzten Lebensjahre Radberts.

[2] Ausser den erwähnten Werken schrieb Paschasius noch:
1. De vita S. Adalhardi.
2. De vita Walae seu Epitaphium Arsenii.
3. De partu Virginis gegen Ratramnus.
    Ratramnus gab die Jungfräulichkeit der Gottesmutter vor,
in und nach der Geburt zu, bezeichnete es aber als eine an
den Doketismus streifende Ansicht, wenn man glaube, dass
die Geburt Christi aus Maria geschehen sei utero clauso. Dagegen läugnete Paschasius, dass die Geburt Christi eine eigentlich menschliche gewesen sei; wie Christus nicht auf dem
gewöhnlichen Wege empfangen sei, so sei er auch nicht auf
die gewöhnliche menschliche Weise geboren; es sei vielmehr
seine Geburt rein wunderbar, ohne Schmerz und ohne Oeffnung
des Uterus erfolgt. Das Buch des Ratramnus De nativitate
Christi bei Migne 121, 81.
4. De passione S. S. Rufini et Valerii.
5. De fide, spe et charitate.
    Sämtliche Werke Radberts sind zusammengestellt im
120. Bande der Patrologia latina von Migne.

I. Abtheilung.

Darstellung der Lehre des hl. Paschasius Radbertus von der Eucharistie.

I.

Der sacramentale Charakter der Eucharistie.

Der Sacramentsbegriff erscheint bei Paschasius noch in seiner weitesten Bedeutung. Nach dem Vorgange Augustins und Isidors und im Einklange mit den Theologen seiner Zeit erklärt der Abt von Korvey jedes äussere, dem Gottesdienste angehörige Zeichen, wenn es eine unsichtbare Gnade wirkt und so ein Unterpfand des Heiles ist, für ein Sacrament[1]. Näher unterscheidet er dann im Sacramentsbegriffe ein dreifaches Element: etwas Sichtbares — die res gesta visibilis, die species corporalis —, etwas Unsichtbares — die innere heiligende Wirkung — und endlich eine göttliche Kraft, welche die sichtbare Sache gebraucht, um durch sie die unsichtbare heiligende Wirkung hervorzubringen[2]. Als Sacramente, die diesen Be-

---

[1] Aug. ep. 55. (al. 119), Migne 33, 205 gibt folgende Definition: Sacramentum est in aliqua celebratione, cum rei gestae commemoratio ita fit, ut aliquid etiam significare intellegatur, quod sancte accipiendum est. Isidor von Sevilla definirte und erklärte dann (Etymol. l. VI. c. 19, Migne 82, 255) den Begriff des Sacraments, wie ihn auch Paschasius gibt (s. die folg. Anm.). Von den Theologen des 9. Jahrhunderts, die ebenfalls die Definition Isidors fast wörtlich aufnehmen, möge nur Rabanus Maurus erwähnt sein, der sie wiederholt anführt, so z. B. De universo l. V. c. 11, Migne 111, 133.

[2] Sacramentum igitur est quidquid in aliqua celebratione divina nobis quasi pignus salutis traditur, cum res gesta visibilis longe aliud invisibile intus operatur, quod sancte accipiendum sit: unde et sacramenta dicuntur aut a secreto, eo quod in re visibili divinitas intus aliquid ultra secretius efficit per speciem corporalem aut a consecratione

dingungen entsprechen, zählt er auf: Taufe, Firmung und
Eucharistie, ferner den Eid, die Incarnation, sowie das ganze
Werk der Erlösung und endlich die hl. Schrift[1]. Er führt
dann des näheren aus, inwiefern diese den verlangten Bedingungen entsprechen. Taufe, Firmung und Eucharistie, erklärt
er, werden deshalb Sacramente genannt, weil unter ihrer sichtbaren Hülle der körperliche Mensch unsichtbarer Weise durch
göttliche Einwirkung geheiligt wird, so dass sie innerlich in
Wahrheit das sind, als was sie äusserlich dem Glauben gelten[2].
Hiernach ist also die Eucharistie ein Sacrament, weil sie etwas
Sichtbares enthält (species visibilis) und weil sie im Menschen
eine unsichtbare, heiligende Wirkung hervorbringt (secretius
caro consecratur).

Ganz seiner weiten Definition des Sacramentsbegriffes ent-
sprechend hat Paschasius die Einsetzung durch Jesus Christus
nicht als nothwendiges Erforderniss zur Constituirung des sacra-
mentalen Charakters der Eucharistie angeführt. Er hat aber
gerade über die Einsetzung der Eucharistie ein eigenes Kapitel
geschrieben (das 18.), freilich nicht zum Beweise des sacra-
mentalen Charakters der Eucharistie, sondern um die Gründe

---

sanctificationis, quia Spiritus sanctus manens in corpore Christi latenter
haec omnia sacramentorum mystica sub tegumento visibilium pro salute
fidelium operatur (De corp. et sang. Dom. 3, 1, Migne 120, 1275).

[1] Die Stelle beweist nichts gegen die katholische Lehre von der
Siebenzahl der Sacramente. Paschasius folgt in seiner Darstellung der
uralten Ueberlieferung, die das Wort sacramentum ganz allgemein in
dem Sinne von mysterium, Geheimniss fasste. Uebrigens erwähnt Paschasius die Beichte Lib. II. in Matth. 3, 6, Migne 120, 154: Unde
apparet nullum recte poenitere posse, nisi primum confiteatur peccata
sua; die letzte Oelung De vita S. Adalhardi n. 80, Migne 120, 1547,
Busse und letzte Oelung De corp. 8, 7, Migne 120, 1292: Secundum
Apostolum cum aliquis infirmatur prius adhibenda est confessio peccati,
deinde oratio plurimorum, post sanctificatio unctionis; die Priesterweihe
De corp. 12, 3, Migne 120, 1313: Sacramentum consecrandi est, quod
habet is qui ordinatur.

[2] Sunt autem sacramenta Christi in Ecclesia baptismus et chrisma,
corpus quoque Domini et sanguis, quae ab hoc sacramenta vocantur,
quia sub eorum specie visibili quae videtur secretius virtute divina caro
consecratur, ut hoc sint interius in veritate, quod exterius creduntur
virtute fidei (De corp. 3, 2, Migne 120, 1275).

zu entwickeln, weshalb Christus dieses Sacrament gerade unmittelbar vor seinem Leiden und zwar bei Gelegenheit des Paschamahles eingesetzt habe. Die Einsetzung des Altarssacraments beim letzten Abendmahle, erklärt er, war convenient, weil es die Erfüllung dessen ist, was im Paschamahle vorgebildet war. Vor seinem Leiden hat Christus es eingesetzt, erstens, um so auch noch dem Judas den Empfang desselben zu ermöglichen und um an ihm zu zeigen, welche Folgen die unwürdige Communion nach sich ziehe; zweitens, weil durch dieses Sacrament das Leiden und der Tod des Herrn verkündigt werden sollte; drittens, um uns zu erinnern, dass wir durch dieses Sacrament aus Sterblichen Unsterbliche werden. Christus stand nämlich damals im Begriffe, aus dieser Welt zum Vater zu gehen, d. h. aus dieser Sterblichkeit zur Unsterblichkeit überzugehen. Als sterblicher Mensch feierte er dieses Geheimniss, bald aber sollte er unsterblich und leidensunfähig sein. Was er that, thun auch wir nach seinem Beispiele; als Sterbliche feiern wir dieses Geheimniss, aber genährt mit dieser Speise der Unsterblichkeit, sind wir, wenn auch noch nicht unsterblich, doch der Unsterblichkeit sicher und brauchen den Tod nicht zu fürchten. Endlich hat Christus dadurch einem Einwande der Häretiker vorgebeugt, die, wenn er das Sacrament nach seinem Tode eingesetzt hätte, gesagt haben würden, wie denn Christus, da er doch leidensunfähig und unsterblich sei, sein Fleisch den Gläubigen zum Genusse darbieten könne.

II.
Die Materie des Altarssacraments.

Ohne sich auf einen Beweis einzulassen, nimmt Paschasius als selbstverständlich an, dass die Materie des Altarssacramentes Brod und Wein ist, und zwar Wein, dem etwas Wasser beigemischt ist. Dagegen erörtert er ausführlich die Congruenzgründe, weshalb Christus gerade Brod und Wein zu Trägern dieses Geheimnisses gewählt habe[1]. Die Wahl von Brod und Wein findet er nun hauptsächlich darin begründet, dass sie am geeignetsten sind, die Wirkungen der Eucharistie anzudeuten,

---

[1] De corp. 10, Migne 120, 1303 ff.

sofern diese nämlich ist Nahrung für die Seele, und sofern durch ihren Empfang die innigste Vereinigung der Gläubigen mit Christus und mit einander bewirkt wird. Christus, so führt er aus, nennt sich selbst das Brod, welches vom Himmel gekommen ist. Unter Brodsgestalt reicht er nun den Gläubigen sein eigenes Fleisch dar, gibt ihnen sich selbst als das Lebensprincip und wird so in Wahrheit das Brod des ewigen Lebens. Brod und Wein gelten ferner als die vorzüglichsten Nahrungsmittel. Wenn nach dem Psalmisten das Brod des Menschen Herz stärkt und der Wein des Menschen Herz erfreuet, so gilt dieses, auf das geistige Gebiet übertragen, noch mehr von dem Brode und dem Weine der Eucharistie. Sie ist das Brod der Stärke, sie berauscht uns mit heiliger, geistiger Freude. Wie Elias, durch die Speise und den Trank, welche der Engel ihm brachte, gestärkt, 40 Tage und 40 Nächte lang wanderte bis zum Berge Gottes, so werden auch wir durch die Speise und den Trank des Altarssacraments auf unserem Lebenswege gestärkt, bis wir zum himmlischen Vaterlande gelangen.

Weiter sind Brod und Wein ein treffendes Sinnbild unserer durch die Eucharistie bewirkten innigen Verbindung in und mit Christus. Wenn nämlich das Samenkorn nicht in die Erde gelegt wird, kann es keine Frucht bringen, es bleibt allein. Wird es aber gesäet, so bringt es viele Frucht, und aus den vielen Körnern wird dann Ein Brod bereitet. Das Samenkorn nun ist Christus. Er ist gestorben und in das Grab gelegt und bringt jetzt reichliche Frucht in den Gläubigen. Diese sind die vielen Körner, welche aus dem einen Samenkorn Christus hervorsprossen. Aus diesen vielen Körnern, den Gläubigen, entsteht dann das eine Brod, jener eine mystische Leib, den Christus und die Gläubigen bilden. Diese Vereinigung aber der Gläubigen mit Christus und mit einander zu dem einen mystischen Leibe ist die Hauptwirkung der Eucharistie. Mit Recht wird daher dieses Geheimniss im Brode gefeiert, da durch das Brod, welches aus vielen Körnern entsteht, diese Wirkung symbolisirt wird[1]. — Aehnlich ist es mit dem Weine.

---

[1] Recte igitur hoc mysterium in pane celebratur, quatenus per hoc altius designetur, quid in eo geratur (De corp. 10, 1, Migne 120, 1304).

Er ist gleichfalls wegen seiner Entstehung aus vielen Beeren
ein treffendes Symbol jener mystischen Verbindung, welche
zwischen Christus und den Gläubigen statthat.
Die Vermischung des Weines[1] mit dem Wasser geschieht
deshalb, weil nach dem Tode Christi neben dem Blute auch
Wasser aus seiner Seite floss. In der erinnernden Darstellung
dessen, was bei dem Tode Christi geschah, findet Paschasius
den Hauptgrund für die Beimischung des Wassers. Aber er
weiss auch noch andere Congruenzgründe anzuführen. Nach
Cyprian[2] sinnbildet das Wasser die Kirche. Es floss aus der
Seite Christi, des zweiten Adam. Aus der Seite des ersten
Adam ward Eva gebildet, die jenen verführte; aus der Seite
des zweiten Adam floss die Kirche, deren Sünden er trug.
Die Beimischung des Wassers soll demnach bedeuten, dass,
wie bei dem Tode Christi Wasser zugleich mit dem Blute aus
seiner Seite floss, so wir als Glieder der Kirche in Christo sein
und mit ihm auch uns zum Opfer bringen sollen. Würde
Wein ohne Wasser dargebracht, so wäre Christus ohne uns;
würde umgekehrt Wasser ohne Wein dargebracht, so wären
wir ohne Christus. Nun aber wird beides vereint dargebracht
und so das Geheimniss der Kirche treffend dargestellt. — Da
ferner Wein und Wasser unter allen Flüssigkeiten die grösste
Fähigkeit zeigen, eine Mischung einzugehen, so sind sie ganz
besonders geeignet, unsere Verbindung mit Christus, die ein
Aufgehen unsererseits in Christus sein soll, zu symbolisiren.
Das Wasser bleibt nämlich nicht Wasser, sondern wird durch
die Consecration in Blut verwandelt[3]. So wird durch die
Vermischung des Weines und Wassers, die dann durch die
Consecration in Blut verwandelt werden, angedeutet, wie wir
in das Blut Christi aufgenommen, mit Christus vereinigt und
zum Bessern umgewandelt werden sollen[4]. — Endlich werden

---

[1] De corp. 11, Migne 120, 1307 ff.

[2] Cypr. ep. 63 ad Caecil. de sacram. Dom. calicis c. 13, Migne 4, 395 f.

[3] Aqua consecratur non quod aqua permaneat, sed vertitur in sanguinem (De corp. 11, 2, Migne 120, 1309).

[4] Et ideo quam bene in hoc mysterio nostra figura per aquam admittitur, ut unusquisque in illo Christi sanguine se susceptum intellegat
et in melius transmutatum. Unde licet prius mystice vinum et aqua

wir durch die Beimischung des Wassers daran erinnert, dass, wie der ganze Mensch erlöst ist, so auch der ganze Mensch in diesem Sacramente genährt wird. Der Leib wird nämlich genährt durch das Fleisch Christi, die Seele aber durch das Blut. Denn da nach der hl. Schrift die Seele ihren Sitz im Blute hat, so ist es billig, dass sie durch dasselbe Element, in welchem sie ihren Sitz hat und durch das sie den Körper belebt, auch ihrerseits das ewige Leben erhalte. Nun ist zwar die Seele nur Eine Substanz, sie wird aber geschieden in Geist als das vernünftige und in Seele als das belebende Princip. So haben wir im Menschen drei Theile: Leib, vernünftige und belebende Seele, und ihnen entsprechen dann in der Eucharistie die drei Elemente, aus denen sich die Materie derselben zusammensetzt. Durch sie wird die Heiligung des ganzen Menschen nach seinen drei Bestandtheilen versinnbildet[1]. Wenn dann ferner nach der Wandlung nur Fleisch und Blut zugegen, das Wasser aber im Blute aufgegangen ist, so soll das andeuten, wie der niedere Mensch in dem höheren aufgehen, wie er vergeistigt werden soll.

III.

Die Gegenwart Jesu Christi im Altarssacramente.

„Niemand möge Anstoss nehmen an diesem Leibe und Blute Jesu Christi, dass nämlich im Mysterium wahres Fleisch und wahres Blut vorhanden ist, da der Schöpfer es so gewollt hat . . . . . Und da er es so gewollt hat, wenngleich unter der Gestalt des Brodes und Weines, so muss man glauben, dass es durchaus so sei, und dass nach der Consecration nichts anderes als Christi Fleisch und Blut zugegen ist, ... ja, um mich noch wunderbarer auszudrücken, es ist ganz und gar kein anderes Fleisch zugegen als dasjenige, welches aus Maria geboren ist, am Kreuze gelitten hat und aus dem Grabe auf-

---

commisceantur, post consecrationem tamen nonnisi sanguis bibitur (De corp. l. c.).

[1] Hac de causa in hoc sacramento forsitan aqua admittitur, ut tria haec tribus istis sacrentur mystice rebus (De corp. l. c.).

erstanden ist."[1] „Ich wundere mich, wie einige die Behauptung
aufstellen können, als sei nicht in Wirklichkeit der wahre
Leib und das wahre Blut Christi zugegen, sondern im Geheimnisse nur eine gewisse Kraft des Fleisches, aber kein Fleisch;
nur die Kraft des Blutes, aber nicht das Blut; nur Bild, aber
nicht Wahrheit; nur Schatten, aber kein Körper."[2]

In diesen beiden Stellen, von denen Paschasius Radbertus
die erste beim Beginne seiner schriftstellerischen Thätigkeit,
die zweite etwa 30 Jahre später am Abende seines Lebens
niedergeschrieben hat, ist der Glaube an die wirkliche Gegenwart des Leibes und Blutes Jesu Christi mit aller nur wün-
schenswerthen Klarheit und Entschiedenheit ausgesprochen.

Die Meinungen über den Inhalt der Eucharistie, wie sie
im Laufe der Zeiten aufgetreten sind, lassen sich auf drei
Gruppen zurückführen: Brod ohne den Leib Christi (dieser
dann entweder nur in sinnbildlicher Weise oder nur quoad
virtutem zugegen), Brod und Leib Christi und endlich
Leib Christi ohne Brod. Paschasius verwirft nun hier
offenbar die symbolische Auffassung, als sei die Eucharistie
nur Bild, nur Erinnerung an den Leib und das Blut Christi;
ebenso entschieden verwahrt er sich gegen die sogenannte dyna-
mische Auffassung, die nur eine Gegenwart des Leibes und
Blutes Christi quoad virtutem zugeben will. Der wahre und
wirkliche Leib und das wahre und wirkliche Blut Jesu Christi

---

[1] Nullus moveatur de hoc corpore Christi et sanguine, quod in
mysterio vera sit caro et verus sit sanguis, dum sic voluit ille qui
creavit. Omnia enim quaecunque voluit, fecit in coelo et in terra, et
quia voluit, licet in figura panis et vini maneat, haec sic esse omnino
nihilque aliud quam caro Christi et sanguis post consecrationem credenda
sunt: unde ipsa Veritas ad discipulos: Haec, inquit, caro mea est pro
mundi vita: et ut mirabilius loquar, non alia plane quam quae nata est
de Maria et passa in cruce et resurrexit de sepulchro. (Ambros.) (De
corp. 1, 2, Migne 120, 1269). Vgl. Ep. ad Frud., Migne 120, 1351 und
1354; Ep. ad Frud. (Sent. Cath. Patr.) Migne 120, 1361 und 1363.

[2] Miror quid velint nunc quidam dicere, non in re esse veritatem
carnis Christi vel sanguinis, sed in sacramento virtutem quandam carnis
et non carnem; virtutem fore sanguinis et non sanguinem; figuram et
non veritatem; umbram et non corpus (Ep. ad Frud. [in Matth. 26, 26],
Migne 120, 1357).

(vera caro et verus sanguis — in re esse veritatem carnis
Christi et sanguinis)[1] ist ihm im Sacramente zugegen, und
um jedem Irrthume vorzubeugen, erklärt er hier und an andern
Stellen wiederholt und mit allem Nachdruck[2], dass in der
Eucharistie ganz dasselbe Fleisch und Blut zugegen sei, welches
Christus auf Erden gehabt habe. Bekanntlich war gerade
diese starke Betonung der Identität des historischen und des
eucharistischen Leibes Christi einer der Hauptpunkte, wegen
derer das Buch des Abtes von Korvey so mannigfache Angriffe
erfuhr. Wie Paschasius sich diese Identität gedacht hat, und
inwieweit jene Angriffe berechtigt waren, werden wir später
sehen. So viel aber ist sicher, dass gerade diese Lehre des
Paschasius von der Identität des historischen und des eucharistischen Leibes Christi der beste Beweis für seinen Glauben
an die reale Präsenz ist.

Christi wahres Fleisch und Blut ist also nach Paschasius
in der Eucharistie zugegen; aber wie fasst er diese Gegenwart?
Mit dem Brode oder ohne dasselbe? Ist vom Brode nur die
äussere Gestalt oder auch die Substanz vorhanden? Mit anderen
Worten: Huldigt Paschasius der sogenannten dualistischen Auffassung? — Das ist schon deshalb unmöglich, weil er mit so
ausdrücklichen Worten die Wesensverwandlung lehrt, wie wir
später sehen werden. Aber auch angenommen, es fände sich

---

¹ Vgl. De corp. 1, 4, Migne 120, 1271: Quia sic voluit, ut caro ejus
esset et sanguis hoc mysterium, in nullo dubites (Hierzu De corp. 14, 4,
Migne 120, 1319). De corp. 14, 6, Migne 120, 1321: Huic sacramento
divinitus indulsit, ut sit caro et sanguis ipsius. De corp. 2, 2, Migne
120, 1275: Corpus et sanguis Christi secundum veritatem. De corp. 4, 1,
Migne 120, 1277: Quod in veritate corpus et sanguis fiat consecratione
mysterii. Ep. ad Frud. (Sent. Cath. Patr.), Migne 120, 1361, wo die
figura carnis et sanguinis in Gegensatz gestellt ist zur proprietas carnis
Christi et sanguinis, quae caro passa est in cruce et nata de Maria Virgine.

² Es genüge hier ausser der angeführten Stelle folgende: Hic utique
et non alius neque alicuius alterius, sed sanguis Jesu Christi in hoc
verbo (nämlich den Worten der 2. Consecration) efficitur . . . . . Qua-
propter, o homo, quotiescunque bibis hunc calicem aut manducas hunc
panem, non alium sanguinem te putes bibere, quam eum, qui pro te et
pro omnibus effusus est in remissionem peccatorum; neque aliam carnem,
quam quae pro te et pro omnibus tradita est et pependit in cruce (De
corp. 15, 3, Migne 120, 1323).

die Wesensverwandlung nicht ausdrücklich bei ihm ausgesprochen, so würden uns doch zahlreiche Aussprüche verbieten.
in dem Abte von Korvey einen Vertreter jener sogenannten
dualistischen Auffassung zu sehen. „Nach der Consecration“, erklärt er. „wird nur Blut getrunken, obwohl vorher mystice Wein und Wasser gemischt
werden.“[1] „Obwohl vorher Brod, Wein und Wasser auf den
Altar gestellt sind, wird nachher ganz richtig doch nur Fleisch
und Blut gegenwärtig geglaubt.“[2] „Im Kelche trinken wir
nichts anderes als Christi Blut, ... im Brode aber empfangen
wir nichts als seinen Leib.“[3] „Das Fleisch des Logos wird
in diesem Geheimnisse Nahrung und Speise der Gläubigen, indem geglaubt wird, dass es in Wahrheit das Fleisch für das
Leben der Welt sei und durchaus nichts anderes als das Fleisch
des Leibes Christi.“[4] „Wir müssen glauben, dass von einem
guten Priester nicht mehr und von einem schlechten nicht
weniger empfangen werde und zwar nichts anderes als Christi
Fleisch und Blut.“[5]

Zu diesen Stellen brauchen wir nichts hinzuzufügen; auf
zwei andere dagegen müssen wir näher eingehen wegen der
in ihnen vorkommenden Ausdrücke figura und species. Die
eine haben wir schon oben citirt: Quia voluit, licet in figura
panis et vini maneat, haec sic esse omnino nihilque aliud quam

---

[1] De corp. 11, 2, Migne 120, 1309: Licet prius mystice vinum et
aqua commisceantur, post consecrationem tamen nonnisi sanguis bibitur.

[2] De corp. 11, 3, Migne 120, 1309: Etsi tria prius ponuntur, nonnisi
caro et sanguis postea recte creditur. Aehnlich De corp. 16, Migne 120,
1324: Nihil aliud quam caro Christi et sanguis iure creditur.

[3] De corp. 20, 3, Migne 120, 1332: In calice nihil aliud bibimus
quam Christi sanguinem . . . . in pane vero nihil praeter corpus.

[4] De corp. 1, 6, Migne 120, 1272: Quae nimirum caro Verbi fit
esca in hoc mysterio cibusque fidelium, dum vere creditur esse caro pro
mundi vita neque aliud aliquid quam caro corporis Christi. Vgl. De
corp. 22, 3, Migne 120, 1344: Nihil aliud est mihi quam caro Christi.
De corp. 4, 2, Migne 120, 1279; De corp. 8, 2, Migne 120, 1287; Ep. ad
Frud. (Sent. Cath. Patr.), Migne 120, 1362.

[5] De corp. 12, 1, Migne 120, 1310: Vere credere . . . . debemus
. . . . nihil a bono majus nihilque a malo minus percipi sacerdote nihilque
aliud quam caro Christi et sanguis.

caro Christi et sanguis post consecrationem credenda sunt[1]. — Die andere lautet: Sub specie visibili panis nihil aliud quam caro porrigitur[2].

Es ist vor allem festzustellen, in welcher Bedeutung die Wörter figura und species von Paschasius gebraucht werden. Figura findet sich bei ihm in doppelter Bedeutung: einmal als Synonymum von Typus, also Vorbild, Symbol, Sinnbild[3], und dann bezeichnet es auch die äussere sichtbare Gestalt eines Dinges, das, was man von dem Dinge sieht[4]. Substituiren wir nun in obigem Satze die erste Bedeutung von figura, so erhalten wir: Unter dem Symbole, dem Sinnbilde des Brodes und Weines ist nichts anderes als Christi Fleisch und Blut zugegen. Da aber das, was Symbol, Sinnbild ist, nicht abwesend sein kann, so wären Brod und Wein auch dem Wesen nach vorhanden. Nun wird aber in dem Satze auch gesagt, es sei nichts anderes als Christi Fleisch und Blut zugegen. So enthielte der Satz die zwei einander widersprechenden Behauptungen: Es ist neben dem Fleische und Blute Christi auch noch Brod und Wein vorhanden, und: Es ist nur Christi Fleisch und Blut vorhanden, weiter nichts[5]. Da das nihil aliud offen-

---

[1] De corp. 1, 2, Migne 120, 1269.

[2] De corp. 10, 1, Migne 120, 1304.

[3] So ist das Paschamahl figura passionis Christi et nostrae communionis, das Manna typus escae corporis Christi et aqua illa, quae de petra fluxerat, potus et figura sanguinis (De corp. 5, 1, Migne 120, 1280). Vgl. De corp. 5, 2 und 3, Migne 120, 1280 f.; De corp. 10, 2, Migne 120, 1306; Ep. ad Frud. (in Matth. 26, 26), Migne 120, 1359 f.; De corp. 10, 1, Migne 120, 1304: Nihil ad figuram manifestius.

[4] So De corp. 14, 5, Migne 120, 1320: quod ita se praebere dignatus est visibilem, et non in figuram agni .... sed in formam pueri. Nun ist in der Eucharistie Christus weder als Lamm noch als Knabe zugegen. Figura also hier: äussere Gestalt, ohne dass dasjenige, was gewöhnlich unter der äusseren Gestalt verborgen ist, d. h. die Wesenheit, zugegen wäre. Vgl. De corp. 4, 2, Migne 120, 1278.

[5] Rückert in Hilgenfelds Zeitschrift für wissenschaftl. Theol. Jahrg. I. 1858, S. 343 ff. sucht aus dieser Doppelbedeutung des Wortes figura den Beweis zu führen, als ob bei Paschasius die beiden Auffassungen: Brod und Leib, Christi Leib allein ohne Brod (Dualismus und Metabolismus) in Widerspruch gelegen, der Metabolismus zwar bei weitem vorherrsche, ohne indessen den Dualismus ganz verdrängt zu haben.

bar keine andere Erklärung zulässt, so müssen wir sehen, ob nicht die zweite Bedeutung von figura den Widerspruch hinwegschafft. Nehmen wir figura in der Bedeutung: sichtbare Gestalt, so würde der Satz lauten: Unter der sichtbaren Gestalt von Brod und Wein ist nichts anderes als Christi Fleisch und Blut zugegen, d. h. das Wesen des Brodes und Weines ist geschwunden, nur ihre äussere Gestalt ist noch da; nur Christi Fleisch und Blut ist vorhanden, aber es trägt die Gestalt des Brodes und Weines. Zu demselben Resultate wird uns das Wort species führen. Species bezeichnet seiner Abstammung gemäss die Gestalt, die man mit den Augen sieht, die äussere Erscheinung, das Aeussere. Unter dem Aeusseren, das wir wahrnehmen, kann dann die, der äusseren Gestalt entsprechende, innere Wesenheit wirklich vorhanden sein, sie kann aber auch fehlen. In letzterem Falle ist dann der Gegensatz von species die res ipsa. So wird also species in dreifacher Bedeutung gebraucht:

1. für sichtbare Gestalt überhaupt ohne Beziehung auf das, was unter der sichtbaren Gestalt verborgen ist. Es bezeichnet hier nur, dass etwas zugegen ist, was man mit den

---

Eine Spur dieses Dualismus findet er auch in der Ep. ad Frud. (in Matth. 26, 26), Migne 120, 1357: Idem ipseque sanguis iam erat in calice, qui et in corpore, sicut caro vel corpus in pane. Aehnlich De corp. 20, 3, Migne 120, 1331. Allein dieser Beweis muss als verfehlt bezeichnet werden, weil figura, wie Rückert selbst ausführt, auch für die äussere sichtbare Gestalt steht, jener Satz aber nur Sinn hat, wenn man figura in dieser Bedeutung nimmt. Das anstössige caro vel corpus in pane sodann findet seine Erklärung und Rechtfertigung De corp. 16, Migne 120, 1324. Dort erörtert Paschasius, und zwar in bejahendem Sinne die Frage, ob man die Eucharistie auch nach der Consecration noch Brod und Wein nennen könne. (Quod panis etiam quamvis vera caro sit hoc mysterium possit nominari .... Sanguis hic secundum efficientiam simili modo vinum typice potest vocari.) Am Schluss bemerkt er: Ceterum .... nihil aliud quam caro Christi et sanguis iure creditur. Wollte man auch diesem Kapitel die dualistische Auffassung zu Grunde legen, so müsste man fragen: Weshalb die Ausdrücke nominari, vocari, weshalb das nihil aliud? Weshalb sagt Paschasius nicht einfach: die Eucharistie kann Brod und Wein genannt werden, weil sie neben dem Fleische und Blute Christi zugleich auch Brod und Wein ist? Weshalb erklärt er statt dessen diese Benennung aus den Wirkungen der Eucharistie?

Augen wahrnehmen kann. Hierher gehört der besonders im 14. Kapitel De corp. wiederholt vorkommende Ausdruck, Christus sei erschienen visibili specie d. h. in irgend einer sichtbaren Gestalt[1].

2. für sichtbare Gestalt mit der Nebenbedeutung, dass unter ihr die entsprechende Wesenheit verborgen sei. So sagt Paschasius, Christus habe sub specie servi am Kreuze gehangen. Christus war aber nicht bloss dem Scheine nach servus, sondern seiner freiwilligen Erniedrigung wegen in Wirklichkeit[2]. Klarer tritt diese Bedeutung von species in folgender Wendung Radberts hervor: Si carnis species in his visibilis appareret[3]. Das beste Beispiel findet sich im Commentar zum Matthäusevangelium. Hier behauptet Paschasius mit Bezug auf das in specie columbae bei Lucas, dass die Taube, unter deren Gestalt bei der Taufe Jesu der hl. Geist erschien, eine wirkliche Taube gewesen sei[4].

3. für sichtbare Gestalt in der Weise, dass nur die Gestalt gegenwärtig, die Sache selbst aber abwesend ist, daher: Schein. So Paschasius, wenn er sagt[5]: Sapientia Dei Patris maluit hoc mysterium in specie panis et vini permanere quam in colorem et saporem carnis et sanguinis demutari. Hier ist offenbar die Wesensverwandlung vorausgesetzt. Brod und Wein sind in Fleisch und Blut verwandelt, aber Farbe und Geschmack sind nicht die des Fleisches und Blutes, sondern die des Brodes und Weines, die ihrerseits der Verwandlung wegen nicht dem Wesen, sondern nur ihrer äusseren Gestalt nach zugegen sind.

---

[1] Vgl. De corp. 12, 3, Migne 120, 1312: Sacerdos vices Christi visibili specie gerere videtur. De corp. 14, 6, Migne 120, 1321: Nihil dubitandum de specie.

[2] De corp. 1, 3, Migne 120, 1269.

[3] De corp. 13, 2, Migne 120, 1316.

[4] Lib. II. in Matth. 3, 16, Migne 120, 172.

[5] De corp. 10, 1, Migne 120, 1305. Vgl. De corp. 10, 1, Migne 120, 1306: Carnaliter sapit, qui ideo non credit carnem Christi esse et sanguinem, quia speciem et colorem exterius non mutavit. De corp. 1, 5, Migne 120, 1271: Non ob miraculum ista mutantur exterius in speciem, sed interius (das exterius und sein Gegensatz interius sind zu beachten). De corp. 10, 1, Migne 120, 1304: Speciem vini iure tenet in sensu, dum spiritaliter sanguis potatur.

Wenden wir nun die drei Bedeutungen von species an auf
unsern Satz: Sub specie panis visibili nihil aliud quam caro
porrigitur. Die erste Bedeutung kommt hier für unseren Zweck
nicht weiter in Betracht. Nehmen wir species in der zweiten
Bedeutung, so enthielte der Satz dieselben zwei sich widersprechenden und gegenseitig sich ausschliessenden Behauptungen,
die wir oben in dem Satze mit figura kennen gelernt haben:
Brod und Fleisch, Fleisch allein ohne Brod, also in einem und
demselben Satze die zwei Behauptungen: Es ist Brod zugegen
und: Es ist kein Brod zugegen. Es bleibt die dritte Bedeutung,
und dann besagt der Satz: Es wird nur Fleisch dargereicht,
aber kein Brod; von diesem ist nur die äussere Hülle, aber
nicht die Wesenheit vorhanden.

Die Antwort auf die Frage: Was ist nach Paschasius in
der Eucharistie zugegen? lautet also:

I. Es ist zugegen der Leib und das Blut Jesu Christi und
zwar secundum veritatem, nicht bloss in signo oder quoad
virtutem.

II. Es ist zugegen der historische Leib Christi, dasselbe
Fleisch und dasselbe Blut, das aus Maria geboren ist.

III. Es ist zugegen nur das Fleisch und das Blut Christi,
nicht aber auch Brod und Wein. Von diesen sind nur die
äusseren Gestalten vorhanden, unter denen Christi Fleisch und
Blut verborgen ist.

IV.

Die Beweise des Paschasius für die reale Präsenz.

Die Beweise des Paschasius für die reale Präsenz zerfallen
in drei Gruppen: in Beweise aus den Worten Christi, aus den
Vorbildern des A. T. und aus den Vätern. Sie finden sich
hauptsächlich im Briefe an Frudegard. Im Buche De corp.
et sanguine Domini ist der Beweis aus den Vorbildern noch
am ausführlichsten entwickelt, der aus den Worten Christi nur
kurz und andeutungsweise enthalten, der aus den Vätern fehlt
ganz. Im Briefe an Frudegard dagegen ist der Beweis aus
den Worten Christi, besonders aus den Einsetzungsworten, sowie der Väterbeweis in aller Ausführlichkeit gegeben, und

zwar tritt hier mehr oder weniger die Tendenz hervor, nachzuweisen, dass in der Eucharistie derselbe Leib zugegen sei,
welchen Christus auf Erden gehabt.

1. Der Beweis aus den Worten Christi.

Die wirkliche Gegenwart des Leibes und Blutes Jesu Christi
ist nach Paschasius so klar und deutlich in den Worten Christi
ausgesprochen, dass an derselben niemand zweifeln kann, der
überhaupt noch den Worten Gottes Glauben schenkt[1]. Je
mehr sich dieses Geheimniss unserer Erkenntniss verschliesst,
desto mehr ist gläubige Annahme dessen nothwendig, was der
Erlöser gesagt hat, der als der wahrhaftige Gott nicht lügen
kann[2]. Christus, die Wahrheit, sagt nun in den Verheissungsworten, sein Fleisch sei wahrhaftig eine Speise und sein Blut
sei wahrhaftig ein Trank; er spricht vom Essen seines Fleisches
und vom Trinken seines Blutes. Ist aber sein Fleisch wahrhaftig eine Speise, so ist auch wirkliches Fleisch, ist sein Blut
wahrhaftig ein Trank, so ist auch wirkliches Blut zugegen.
Sonst wären auch die Worte Christi nicht wahr: das Brod, das
ich geben werde, ist mein Fleisch für das Leben der Welt[3].

Ausführlicher als der Beweis aus den Verheissungsworten
wird der aus den Einsetzungsworten entwickelt. Mit Emphase
wendet sich Paschasius gegen diejenigen, welche in den Einsetzungsworten den Ausdruck corpus abzuschwächen suchen,
als sei im Altarssacramente nicht der wahre Leib und das
wahre Blut Christi zugegen, sondern nur eine gewisse Kraft
desselben[4]. Dem gegenüber betont er, dass der natürliche
Sinn der Einsetzungsworte nur von der wirklichen Gegenwart
des Leibes und Blutes Christi verstanden werden könne. Als
Christus das Brod brach und es den Jüngern gab, da sagte er

---

[1] De corp. 4, 1, Migne 120, 1277.
[2] Ep. ad Frud., Migne 120, 1351.
[3] De corp. 4, 1, Migne 120, 1277. Vgl. De corp. 1, 2, Migne 120, 1269.
[4] Ep. ad Frud. (in Matth. 26, 26), Migne 120, 1356: Audiant qui
volunt extenuare hoc verbum corporis, quod non sit vera caro Christi,
quae nunc in sacramento celebratur in Ecclesia Christi, neque verus
sanguis eius. Nescio quid volentes plaudere aut fingere, quasi quaedam
virtus sit carnis et sanguinis in eo admodum sacramento etc.

nicht: dieses oder in diesem Geheimnisse ist eine gewisse Kraft
oder ein Bild meines Leibes, sondern er sagte klar und offen:
dieses ist mein Leib. Als was es der Herr bezeichnet hat,
das ist das Sacrament, nicht aber, was man selbst aus ihm
macht[1]. Die Einsetzungsworte nicht im eigentlichen, sondern
im bildlichen Sinne zu nehmen, verbietet der Zweck des Sacraments: der Schein sollte Wahrheit werden, die vorbildlichen
Opfer des A. B. ihre Erfüllung finden[2]; verbietet der Vergleich
mit den Verheissungsworten bei Joh. 6, wo der Herr verheisst,
sein Fleisch und Blut für das Leben der Welt geben zu wollen,
und wo er vom Essen seines Fleisches und vom Trinken seines
Blutes spricht[3]; verbietet endlich der Zusammenhang der Worte
selbst. Wenn Christus sagte: dieses ist mein Leib, dieses ist
mein Blut, so kann er keinen anderen Leib gemeint haben als
seinen eigenen und zwar denjenigen, welcher von Maria geboren
ist und am Kreuze hing, und kein anderes Blut als dasjenige,
welches am Kreuze vergossen wurde und das damals noch in
seinem Körper war. Einen andern Leib und ein anderes Blut
hat er ja nicht gehabt. Man kann nicht sagen, Christus meine
nicht seinen eigenen Leib, weil er die Worte: dieses ist mein
Leib, bei der Feier eines Geheimnisses gesprochen habe. Einer
solchen Annahme widerstreiten sowohl die Worte selbst als auch
die Zusätze: quod pro vobis tradetur und: qui pro vobis effun-
detur in remissionem peccatorum. Die demonstrative Form
des Satzes (hoc est) sowie der Gebrauch des Possessivums meum
lassen keine andere Erklärung zu als die, dass Christus mit den
Einsetzungsworten einen ganz bestimmten Leib gemeint habe,
nämlich seinen eigenen[4] und zwar, wie die folgenden Zusätze
besagen, denselben Leib, der dahingegeben, dasselbe Blut, das
noch vergossen werden sollte. Es war also im Kelche kein
anderes Blut als dasjenige, welches noch vergossen werden sollte,
demnach dasselbe Blut, welches damals noch im Leibe Christi

---

[1] Ep. ad Frud. (in Matth. 26, 26), Migne 120, 1357: Hoc est quod
dixit et non quod quisque fingit.
[2] Ep. ad Frud. l. c.: Cum species accipit veritatem et figura vete-
rum hostiarum corpus.
[3] Ep. ad Frud. l. c.
[4] Ep. ad Frud., Migne 120, 1351.

war, wie auch in der Brodsgestalt derselbe Leib vorhanden war, den Christus damals hatte und den er am Kreuze dahingeben wollte[1]. Endlich weisen auch die Worte: in remissionem peccatorum auf die reale Präsenz und die Identität hin. Denn Christus bezeichnet die Eucharistie als den Leib, der dahingegeben und als das Blut, das vergossen werden würde zur Vergebung der Sünden. Ist nun im Altarssacramente Vergebung der Sünden, so muss, da in keinem anderen Vergebung der Sünden ist als in Christo, dort Christi Leib und Blut zugegen sein. Zu demselben Resultate gelangt Paschasius, indem er die Wirkungen der Eucharistie von ihrer positiven Seite betrachtet. Die Eucharistie ist lebenspendendes Sacrament. Denn Christus hat gesagt: Wer dieses Fleisch nicht isst und dieses Blut nicht trinkt, hat das ewige Leben nicht bleibend in sich. Spendet aber die Eucharistie das ewige Leben, so muss sie auch selbst das ewige Leben in sich haben, und dieses Leben ist das Fleisch des wahrhaft lebendigen Gottes und das Blut, in welchem wahrhaft das ewige Leben ist[2].

So der Beweis Radberts aus den Worten Christi, wie er ihn hauptsächlich im Briefe an Frudegard entwickelt. Er erklärt hier, er habe sich nochmals eingehender und genauer ausgesprochen, weil er gehört, dass einige ihn tadelten, als ob er in dem Buche, welches er über die Sacramente Christi herausgegeben habe[3], über die Worte des Erlösers hinausgegangen sei und sie etwas anderes sagen lasse, als die Wahrheit selbst in ihnen verspräche. Solche fürchteten vielleicht, was die Jünger damals gefürchtet, als wolle er aus dem Leibe Christi Theile machen und die zerlegten und zerschnittenen Glieder desselben an die einzelnen Empfänger vertheilen[4]. Auf den

---

[1] Ep. ad Frud. l. c. und Ep. ad Frud. (in Matth. 26, 26), Migne 120, 1357.
[2] Ep. ad Frud. l. c.
[3] Er meint sein Buch De corp. et sang. Dom.
[4] Ep. ad Frud. (in Matth. 26, 26), Migne 120, 1357: Haec idcirco prolixius dixerim et expressius, quia audivi quosdam me reprehendere, quasi ego in eo libro, quem de sacramentis Christi edideram, aliquid his verbis plus tribuere voluerim aut aliud quam ipsa Veritas repromittit; timentes forte hoc quod ipsi tunc timuerunt quibus loquebatur, quod partes facere voluerim et eius per singulos membra dividere concisa vel dispersa.

Widerspruch der Jünger hat der Herr geantwortet: Dieses
ärgert euch? Wie aber, wenn ihr den Menschensohn dorthin
auffahren sehen werdet, wo er zuvor war? d. h. wenn ihr dieses
verstehen könntet, würdet ihr auch einsehen, wie ein und derselbe Christus, der ganz so, wie er ist, dorthin auffahren kann,
wo er zuvor war, von den Zähnen nicht zermalmt und nicht
in Stücke zertheilt werden kann [1].

Dass Christus, fährt Paschasius fort, dorthin auffahren
konnte, wo er schon war, dass er vom Himmel herabkam und
doch nicht aufhörte, dort zu sein, dass er Mensch wurde und
dass man ihn, der doch unveränderlich ist, trotzdem als geworden
bezeichnen kann, dass er hier auf Erden wandelte und zugleich
im Himmel war: wer vermöchte das zu begreifen? Und doch
ist es so. In allen diesen und tausend andern Fällen erstreckt
sich eben die göttliche Macht weiter als die Kraft unseres Ver-
standes. Es handelt sich um göttliche Wirkungen; es muss
deshalb aller Zweifel schwinden, wir müssen uns gläubig unter-
werfen. Auch die Eucharistie enthält, eben weil sie eine göttliche Wirkung ist, manches, was wir nicht begreifen können.
So zweifeln viele, wie Christus unversehrt bleiben und das Altarssacrament doch der Leib und das Blut Christi sein könne, wie
wir Christi Fleisch und Blut geniessen können und dieses dabei
unversehrt bleibe. Wir können das freilich nicht begreifen.
Aber man denke an die Brodvermehrung. Mit fünf oder sieben
Broden hat Christus so viele gesättigt, und doch blieben noch
12 oder 7 Körbe voll übrig. So grosse Fülle floss damals aus

---

[1] Ep. ad Frud. l. c.: Quibus Salvator ait: Hoc vos scandalizat?
Si videritis Filium hominis ascendentem ubi erat prius? Ac si diceret:
Si hoc intellegere possetis, sciretis utique, quod qui integer ascendere
potest ubi erat prius, unus idemque Christus consumi non potest den-
tibus nec dividi per partes. Der Gedanke ist: Wir empfangen in der
Eucharistie allerdings in Wahrheit den Leib Christi; damit ist aber nicht
gesagt, dass wir ihn in grobsinnlicher Weise empfangen müssten. Einer
solchen Auffassung hat schon der Herr widersprochen, indem er die
Jünger auf seine Himmelfahrt hinwies. Im folgenden sucht dann
Paschasius, anknüpfend an den erwähnten Ausspruch des Herrn nachzuweisen, dass der Glaube an die wirkliche Gegenwart des historischen
Leibes Christi im Altarssacramente unsere Pflicht sei, so unbegreiflich
diese Gegenwart unserer Vernunft auch sein möge.

der Segnung Christi. Um wieviel mehr muss das Fleisch Christi überquellen und im Sacramente die Fülle des Blutes Christi fliessen! Kein anderes Fleisch ist es als das Fleisch Christi, und dennoch bleibt Christus unversehrt[1]. Fragst du weiter, wie denn das Blut Christi vergossen werden und dennoch unversehrt bleiben könne, so denke nur an die Liebe Gottes, welche ausgegossen ist in unsere Herzen und dennoch unversehrt bleibt, nämlich an den hl. Geist[2]. Geheimnissvoll ist dieses, aber da Gott gesprochen hat, müssen wir glauben. „Auch die Apostel hätten damals beim letzten Abendmahle, wenn sie den Worten des Lebens und der Wahrheit nicht geglaubt hätten, antworten und fragen können, wie denn jenes Brod und der Kelch mit Wein Christi Leib und Blut sein könne, da doch Christus selbst unversehrt in seiner Leiblichkeit vor ihren Augen war. Aber sie glauben, was er gesagt, und legen durch ihr Stillschweigen Zeugniss ab und empfangen das, was sie hernach uns überliefert haben. Sie haben uns aber kein anderes Abendmahl überliefert als ganz dasselbe, von dem sie selbst damals assen und tranken."[3]

Deuten wir nun zum Schluss noch kurz den Beweis an, den Paschasius für die reale Präsenz führt aus den Worten Christi: Desiderio desideravi hoc pascha manducare vobiscum. Hätten wir, meint Paschasius, im Altarssacramente nicht ein ganz besonderes Geheimniss, so würde sich Christus nicht des doppelten Ausdruckes Desiderio desideravi, sondern des einfachen Desideravi bedient haben, obwohl auch dieser einfache Ausdruck des Verlangens ein grosses Geheimniss vermuthen liesse. Auf das Paschalamm kann sich jener doppelte Ausdruck des

---

[1] Ep. ad Frud., Migne 120, 1354: Haec sanctorum fides, charissime, quamvis multi ex hoc dubitent, quomodo ille integer maneat et hoc corpus Christi et sanguis esse possit . . . . Ex ipsa Christi benedictione manavit tanta ubertas . . . . Quanto ergo magis, quia Verbum caro factum est, pullulat Verbi caro et manat in sacramento ubertas Christi et sanguinis? Et non alia quam caro Christi est et tamen manet integer Christus.

[2] Ep. ad Frud. (in Matth. 26, 26), Migne 120, 1359: Si autem quaeris, quomodo effunditur, ut maneat quod effusum est, intellege, quomodo charitas Dei diffusa est in cordibus nostris et manet integra charitas, scilicet Spiritus sanctus.

[3] Ep. ad Frud. l. c.

Verlangens nicht beziehen, weil der Herr dieses schon früher
mit seinen Jüngern gegessen hatte; wir müssen ihn vielmehr von
der Wahrheit dieses so erhabenen Geheimnisses (d. h. von der
wirklichen Gegenwart des Leibes und Blutes Christi in demselben) verstehen. Beim letzten Abendmahle haben wir das
vorbildliche Paschalamm, aber auch die Wahrheit. Vom Vorbilde wollte Christus übergehen zur Wahrheit. Daher seine
Freude; denn jetzt erfüllte sich, was er so lange ersehnt hatte.
Hatte in der Incarnation die Vereinigung der menschlichen
Natur mit der Gottheit stattgefunden, so sollte durch dieses
Sacrament die Vereinigung der einzelnen Menschen mit Christus
möglich gemacht werden[1].

2. Der Beweis aus den Vorbildern.

Als Vorbilder des Altarssacramentes führt Paschasius vor-
zugsweise an: Das Paschalamm, das Manna und das Wasser
aus dem Felsen, sowie das Opfer Melchisedechs. Den Beweis
für die reale Präsenz aus den Vorbildern formulirt er mit Bezug
auf das Paschalamm folgendermassen: Ist das Altarssacrament
nichts weiter als ein Bild des Leibes und Blutes Christi und
ist es nicht das, was Christus selbst von ihm behauptete? Wozu
war dann ein neues Bild nothwendig, da ja das Paschalamm
als Bild vollkommen genügte?[2] Es muss also das Altarssacrament
mehr enthalten als das Paschalamm. Dieses Mehr aber kann
in nichts anderem bestehen als eben darin, dass Christus in
Wirklichkeit zugegen ist. Denn ist das Paschalamm Bild des
Leibes Christi, das Altarssacrament aber mehr als das Paschalamm, so muss das Altarssacrament der Leib Christi selbst sein[3].

---

[1] Ep. ad Frud. (Sent. Cath. Patr.), Migne 120, 1363 f.

[2] Ep. ad Frud. (in Matth. 26, 26), Migne 120, 1359: Si nihil amplius habet hoc mysterium praeter figuram corporis et sanguinis Christi
et non hoc est quod ipse dixit: quid necesse fuit iterare in facto, quia
hoc totum praefiguratum erat in agno? Aehnlich vom Manna und von
dem Wasser aus dem Felsen De corp. 5, 1, Migne 120, 1280: Ubi si
eandem perceperant escam et eundem potum: quid necesse fuit immutari
quod ipsum erat aut dari quasi aliud, si nihil amplius est?

[3] Ausdrücklich ausgesprochen findet sich zwar dieser Gedanke bei
Paschasius nicht, er liegt aber allen seinen Erörterungen über das Verhältniss der Vorbilder der Eucharistie zur Eucharistie selbst zu Grunde.

So ist also das Altarssacrament die Erfüllung dessen, was im Paschalamm vorgebildet war. An der Hand des Berichtes beim Evangelisten Lucas über den Verlauf des letzten Abendmahles sucht Paschasius dieses noch klarer zu machen. Lucas spricht nämlich von zwei Kelchen, die Jesus den Jüngern gereicht habe. Den einen gab er ihnen gleich bei dem Genusse des gesetzlichen Osterlammes, den andern aber später nach der Segnung und Brechung des Brodes. Demnach ging das gesetzliche Paschamahl samt seinem Kelche als Vorbild des Leidens Christi voraus und dann erst trat in der Verwandlung des Brodes und Weines in das Fleisch und Blut Christi die Wahrheit und Erfüllung ein[1]. So ging Jesus, da er Brod und Wein nahm, vom Bild und Schatten der Wahrheit über zu dem wahren Sacramente des Pascha. Er, der als der Eckstein beide Testamente stützte und erfüllte, brachte als der wahre Melchisedech Brod und Wein dar, das in den Vorbildern enthaltene Sacrament seines Fleisches und Blutes[2].

Die Vollständigkeit des Beweises aus den Vorbildern macht es nothwendig, noch näher die Ansicht des Paschasius über das Verhältniss darzulegen, in welchem die Vorbilder des Altarssacramentes zu diesem selbst stehen. Ausgangspunkt seiner diesbezüglichen Erörterungen ist I Kor. 10, 3. Nach der Meinung des Paschasius sagt dort der Völkerapostel mit Bezug auf das Manna und das Wasser aus dem Felsen, die Israeliten hätten in ihnen dieselbe Speise gegessen und denselben Trank getrunken, die wir jetzt in der Eucharistie empfangen[3]. Nun enthält aber die Eucharistie mehr als jene Vorbilder, ist also nicht dasselbe. Wie

---

[1] Ep. ad Frud. (in Matth. 26, 26), Migne 120, 1359: Ubi datur intellegi quod agnus ille legalis cum suo calice in figura praecessit passionis Christi. Deinde corpus et sanguis in calice ad expletionem factum est veritatis.

[2] Ep. ad Frud. (in Matth. 26, 26), Migne 120, 1360.

[3] Das sagt nun freilich Paulus nicht. Er sagt nur, dass alle Israeliten in der Wüste dieselbe Speise und denselben Trank genossen hätten, hat aber nicht das „wie wir“. Die Auffassung des Paschasius ist durch den Zusammenhang vollständig ausgeschlossen. Für die Richtigkeit der an jene Stelle angeknüpften Ausführung ist indessen die falsche Auffassung, wie ersichtlich, ohne Belang.

aber ist das mit den Worten des Apostels zu vereinigen? Paschasius antwortet: In demselben Sinne ist unsere Speise und unser Trank im Altarssacramente identisch mit der Speise und dem Tranke der Israeliten, in welchem Christus identisch ist mit dem Felsen, aus welchem das Wasser floss. Es war dieselbe Speise, sofern das Manna für diejenigen, welche es geistiger Weise genossen, ein Vorbild der Speise des Leibes Christi, derselbe Trank, sofern das Wasser aus dem Felsen ein figürlicher Trank des Blutes Christi war. Als Vorbilder dasselbe, waren sie nicht dasselbe, sobald man an ihre Erfüllung denkt. Denn dort haben wir zur Bezeichnung zukünftiger Dinge nur Bild und Schatten der Wahrheit, hier aber das Geheimniss erfüllter Wahrheit[1].

Paschalamm, Manna und die übrigen Typen des Altarssacramentes waren also nichts anderes als Bilder der Eucharistie, und wenn[2] in ihnen irgend welche heiligende Kraft verborgen war, so war diese nur der Reflex des gnadenvollen Geheimnisses des Glaubens, dessen wir uns erfreuen. In den Vorbildern nahmen die Israeliten an demselben Theil vermöge ihres Glaubens. Das war der eine Vortheil, den ihnen die Vorbilder brachten. Der andere bestand darin, dass die Vorbilder ihnen ein Mittel waren, das Sacrament der Wahrheit zu erkennen. Anders ist unsere Stellung diesem Geheimnisse gegenüber. Wir haben es schon erhalten und werden in demselben gespeist und getränkt. Die verhüllenden Bilder des A. B. sind geschwunden, nur die Wahrheit geniessen wir, empfangen im Sacramente das wahre Fleisch und Blut Christi[3].

---

[1] De corp. 5, 1, Migne 120, 1280: Ex quo fatendum sic eandem fuisse quam nunc percepimus escam eundemque potum, sicut eandem fuisse petram, de qua manarunt aquae, ubi Christus Apostolo teste praedicatur. Eadem quippe fuit esca, quia manna spiritaliter percipientibus typus fuit escae corporis Christi et aqua illa quae de petra fluxerat potus et figura sanguinis. Si quidem in praefiguratione idem et umbra corporis atque exemplaria erant, sed non idem in adimpletione veritatis: quia quod tunc adumbrabatur in designatione futurorum imago veritatis, nunc autem mysterium impletae veritatis.

[2] In den folgenden Worten ist eine andere Seite des Argumentes aus den Vorbildern angedeutet. Ohne die Erfüllung im Altarssacramente sind die Vorbilder nichts; sie setzen vielmehr die Wahrheit und Wirklichkeit voraus, wie der Schatten den Körper.

[3] De corp. 5, 2 f.. Migne 120, 1280 f.

3. Der Beweis aus den Vätern.

Haben die Väter die reale Präsenz gelehrt? Haben sie gelehrt, dass im Altarssacramente der historische Leib Christi zugegen sei? Diese Fragen hatte Paschasius in seinem Buche De corpore et sanguine Domini nicht ausdrücklich beantwortet. Er hatte nur in starken Ausdrücken die Identität des natürlichen und des eucharistischen Leibes Christi behauptet und am Rande bemerkt, es seien das Worte des hl. Ambrosius. In so schroffer Weise wie Paschasius hatte aber Ambrosius sich nicht ausgedrückt. Ambrosius sagt von der Eucharistie: Et hoc quod conficimus corpus ex Virgine est: quid hic quaeris naturae ordinem in corpore Christi, cum praeter naturam sit ipse Dominus Jesus partus ex Virgine? Vera utique caro Christi, quae crucifixa est, quae sepulta est: vere ergo carnis illius sacramentum est[1]. Paschasius hat: Non alia plane caro etc.[2]

Diese Wiedergabe der Worte des Ambrosius schien vielen auch dem Sinne nach nicht genau zu sein, ja man wollte diese Stelle nicht einmal als ambrosianisch gelten lassen[3]. Hatte doch gerade Augustinus, die grösste Auctorität unter den Vätern, sich so ausgesprochen, dass seine Ansicht der des Ambrosius oder vielmehr der des Paschasius zu widersprechen schien. Dass aber die beiden grossen Kirchenlehrer einander widersprochen, hielt man kaum für glaublich. Wenn jedoch die angeführte Stelle wirklich echt war, wie waren dann Augustinus und Ambrosius in Einklang zu bringen? Paschasius versucht es; sein Gedankengang ist folgender: Augustinus lehrt die reale Präsenz — die Stelle, welche dagegen zu sprechen scheint, findet ihre Erklärung darin, dass in der Eucharistie neben der Wahrheit auch Bildliches anzunehmen ist —, ja er lehrt, dass man im Altarssacramente das empfange, was am Kreuze hing und was aus Christi Seite floss. Das aber ist die Lehre des

---

[1] Ambr., De myst. c. 9. n. 53, Migne 16, 407.

[2] De corp. 1, 2, Migne 120, 1269.

[3] Vgl. Dicta cuiusdam Sapientis de corpore et sanguine Domini adversus Radbertum n. 2 (von Rabanus Maurus) bei Mab., Acta S. S. Ord. S. Bened. Saec. IV. P. II. S. 593, bei Migne 112, 1513.

hl. Ambrosius und der übrigen Väter. Augustinus steht also mit ihnen nicht im Widerspruche.

Die Thesis, welche Paschasius in dem Briefe an Frudegard zu beweisen sucht, lautet demnach: Augustinus wie die übrigen Väter lehren, dass im Altarssacramente Christi Leib zugegen sei und zwar derselbe Leib, welchen Christus hier auf Erden hatte. Ob aber der eucharistische und der natürliche Leib Christi in jeder Beziehung identisch seien, diese Frage lässt er unberührt, wiewohl manche starke Ausdrücke in ihm einen Vertheidiger der totalen Identität vermuthen lassen könnten. Doch darüber später. Hier ist nur noch zu bemerken, dass bei Paschasius die beiden Sätze: Christi Leib ist in der Eucharistie zugegen und: Es ist derselbe Leib zugegen, den Christus auf Erden hatte, dasselbe besagen, und dass wer den ersten zugibt, auch den zweiten annehmen muss. Deshalb beruft er sich für die Identität auch auf Väterstellen, in denen von der Identität gar keine Rede, sondern nur die reale Präsenz ausgesprochen ist.

Nach diesen Vorbemerkungen können wir auf die Erörterungen des Paschasius selbst eingehen. Es musste unserem Schriftsteller natürlich vor allem daran liegen, den Widerspruch zu beseitigen, der zwischen Augustinus und Ambrosius bestehen sollte. Wie wir schon oben angedeutet, löst Paschasius diesen angeblichen Widerspruch durch den Nachweis, dass Augustin die reale Präsenz gelehrt habe. Aber hat Augustin diese auch wirklich gelehrt? Der Mönch Frudegard hatte in der That dem Paschasius eine Stelle aus den Werken des Bischofs von Hippo vorgelegt, welche mit der realen Präsenz schwer vereinbar schien. Augustin sagt nämlich[1], wenn in der Hl. Schrift ein

---

[1] Aug. l. III. de doctrina christ. c. 16, Migne 34, 74 f.: Si praeceptiva locutio est aut flagitium aut facinus vetans aut utilitatem aut beneficentiam iubens, non est figurata. Si autem flagitium aut facinus videtur iubere aut utilitatem aut beneficentiam vetare, figurata est. Nisi manducaveritis, inquit, carnem Filii hominis et sanguinem biberitis, non habebitis vitam in vobis. Facinus vel flagitium videtur iubere: figurata est ergo, praecipiens passioni Dominicae communicandum et suaviter atque utiliter recolendum in memoria, quod pro nobis caro eius crucifixa et vulnerata est.

Satz ein Verbrechen zu befehlen scheine, so sei er bildlich zu nehmen. Der Satz: Wenn ihr das Fleisch des Menschensohnes nicht essen und sein Blut nicht trinken werdet, werdet ihr das Leben nicht in euch haben, scheine nun ein Verbrechen zu befehlen; er sei demnach in übertragenem, bildlichem Sinne zu nehmen. Ist, so hatte Frudegard an Paschasius geschrieben, jener Ausspruch des Herrn wirklich eine tropische Redensart, und demnach das Altarssacrament Bild (des Leibes Christi), aber nicht Wahrheit (der Leib Christi selbst), so weiss ich nicht, was ich eigentlich davon halten soll. Nehme ich andererseits an, es sei derselbe Leib, den Christus aus seiner jungfräulichen Mutter Maria angenommen hat, so bezeichnet dieses der ausgezeichnete Kirchenlehrer selbst als ein grosses Verbrechen[1].

Wir sehen, Frudegard macht dem Paschasius denselben Einwurf, der auch heute noch immer gegen die Orthodoxie des grossen Bischofs von Hippo ins Feld geführt wird. Wie löst nun Paschasius die aufgeworfene Schwierigkeit? Im allgemeinen so, wie man sie noch heute zu lösen pflegt. Nach Paschasius will Augustin mit jenen Worten nur die kapharnaitische Ansicht ausschliessen, als wäre Christus in der Eucharistie in seiner natürlichen Gestalt zugegen und empfingen wir in ihr rohes Fleisch und Blut. Von den Worten Augustins, meint er, können sich nur diejenigen getroffen fühlen, welche nicht glauben, dass dasjenige, was nach dem klaren Zeugnisse Christi in Wirklichkeit zugegen ist, in geheimnissvoller Weise gegenwärtig sei. Fasst man das Altarssacrament in dieser rohsinnlichen Weise auf, wie das einst die Juden und viele Jünger thaten, so kann dieses der hl. Augustinus mit Recht als ein grosses Verbrechen bezeichnen. Denn die Annahme, als sei Christi Fleisch und Blut zugegen ohne jede sacramentale, bildliche Beziehung und als sei der Genuss nicht theilweise bildlich zu verstehen, muss nothwendig zur Zerstörung des sacramen-

---

[1] Ep. ad Frud., Migne 120, 1352: Quodsi figurata locutio est et schema potius quam veritas, nescio qualiter illud sumere debeam. Deinde addis: Et si credam ipsum esse quod assumpsit ex Maria Virgine genitrice sua, e contrario etiam ipse egregius doctor hoc magnum facinus esse proclamat.

talen Charakters der Eucharistie führen. Nur in diesem Sinne
kann Augustin von einem Verbrechen reden[1]. Nicht aber kann
er mit jenen Worten die reale Präsenz läugnen wollen, die er
so klar bezeugt, wenn er sagt: Hoc accipite in pane, quod
pependit in ligno, hoc accipite in calice, quod manavit ex
Christi latere[2]. Am Kreuze hing aber nichts anderes als Christi
Leib, aus Christi Seite floss nichts anderes als Blut und Wasser.
Die tropische Ausdrucksweise Augustins findet demnach
ihre Erklärung und Rechtfertigung darin, dass, trotzdem in der
Eucharistie der wahre Leib und das wahre Blut Christi zugegen
ist, doch auch Bildliches, Figürliches in ihr angenommen werden
muss. Aber schliesst die Annahme von Bildlichem, Figürlichem
in der Eucharistie die reale Präsenz nicht aus? Paschasius verneint diese Frage. Er bringt zunächst ein Beispiel. Nach
Cyprian[3] soll im Kelche weder das Wasser ohne das Blut sein,
noch das Blut ohne Wasser der Symbolik halber; denn das
Wasser sinnbildet das im Wasser der Taufe abgewaschene Volk,
das Blut aber Christus, der uns mit seinem Blute erlöst hat.
Durch die Vermischung beider wird die innige Verbindung
zwischen Christus und der Kirche angezeigt. Hier haben wir
also Bild, Symbol; aber unter diesem Bilde ist wahres Fleisch

---

[1] Ep. ad Frud., Migne 120, 1352: Quod sane dictum horrore percipientibus nimium videtur incutere, si non credant illud esse in sacramento, quod veritas esse testatur in aperto . . . . . Unde facinus esse,
si non credat quis, sicut illi tunc crediderunt, quibus dicebat: Nisi
manducaveritis carnem Filii hominis, et non potuerunt ferre, quia male
sapuerunt. Et ideo si quis dicit hanc carnem et hunc sanguinem sic
ipsa esse absque mysterio et sacramento nec in figura ex parte sumendam, ut illi tunc carnales carnaliter sapientes senserunt, totum dissipat.
Et ideo forte beatus Augustinus hoc ita sapere magnum facinus esse dicit.
[2] Dieselbe Stelle kehrt noch einmal wieder p. 1354. Bei Augustin
lautet sie (sie steht serm. de sacr. alt. c. 2, Migne 46, 827): Hoc agnoscite in pane, quod pependit in cruce, hoc in calice, quod manavit de
latere. Seite 1354 führt er als Beweis für den Glauben Augustins an
die reale Präsenz noch den Satz an: Hoc postea biberunt (sc. Judaei)
in calice credentes, quod fuderunt in cruce saevientes. Aug. hat (serm.
de utilitate agendae poenitentiae c. 1, Migne 39, 1550): Tunc eis Petrus
annuntiavit eum colendum, quem crucifixerunt, ut eius iam sanguinem
biberent credentes, quem fuderant saevientes.
[3] Cypr. ep. 63 ad Caecil. de sacr. Dom. calicis, c. 13, Migne 4, 395 f.

und Blut und zwar keines andern Fleisch und Blut zugegen
als das Christi, jedoch in geheimnissvoller, sinnbildlicher Weise[1].
Dann zur Beantwortung der obigen Frage übergehend, beruft
er sich auf eine Erörterung in seinem Buche De corpore et
sanguine Domini, wo er darüber ein eigenes Kapitel eingesetzt
habe, damit man einsehe, dass dieses Mysterium Wahrheit sei,
dabei jedoch nicht läugne, dass es auch Bild sei[2]. In dem erwähnten Kapitel macht er sich selbst den Einwand: Ist der
wahre Leib und das wahre Blut Christi in mystischer, geheimnissvoller Weise zugegen, so ist die Eucharistie auch Bild; ist
sie aber Bild, wie kann sie dann Wahrheit sein? Dass die
Figuren des A. B. nur Schatten (d. h. nur Bild des Leibes
Christi, nicht aber der Leib Christi selbst) waren, ist klar; die
Eucharistie ist nun entweder Wahrheit oder Bild d. h. blosser
Schatten. Ist sie Wahrheit, wie kann sie Bild sein? ist sie Bild,
wie kann sie Wahrheit sein?[3] Paschasius antwortet: Die Eucharistie wird mit Recht Wahrheit und Bild zugleich genannt, so
dass in ihr Bild oder Kennzeichen der Wahrheit alles ist, was
äusserlich in die Sinne fällt, Wahrheit aber das, was Verstand
und Glaube unter der sichtbaren Hülle des Sacramentes als gegenwärtig annehmen[4]. Dass nun thatsächlich etwas Bild und Wahrheit zugleich[5], dass etwas Bild sein kann, ohne die Wahrheit

---

[1] Ep. ad Frud., Migne 120, 1353: Haec quippe mystica sunt, in
quibus veritas carnis est et sanguinis, non alterius quam Christi, in
mysterio tamen et figura.

[2] Ep. ad Frud., l. c.: Ut hoc mysterium et veritas intellegatur nec
tamen figura esse negetur.

[3] De corp. 4, 1, Migne 120, 1278: Ubi profecto non aliam quam
veram carnem dicit et verum sanguinem, licet mystice; unde quia mysticum est sacramentum nec figuram illud negare possumus; sed si figura
est, quaerendum quomodo veritas esse possit.

[4] De corp. 4, 2, Migne 120, 1278: Sed si veraciter inspicimus, iure
simul figura et veritas dicitur: ut sit figura vel character veritatis, quod
exterius sentitur (als solches ist vorher angeführt: die Gestalten, die
Brechung der Gestalten, die Mischung des Weines mit Wasser, die Opferhandlung); veritas vero quidquid de hoc mysterio interius recte intelle-
gitur et creditur (als solches ist vorher genannt die Entstehung des
Leibes und Blutes Christi aus der Substanz des Brodes und Weines).

[5] D. h. Bild der Sache und die Sache selbst, also in unserem Falle
die Eucharistie Bild des Leibes Christi und der Leib Christi selbst.

auszuschliessen, zeigt Hebr. 1, 3. Hier nennt der Apostel Paulus
Christus splendor gloriae et figura substantiae eius. Mit splendor gloriae bezeichnet er die Gottheit Christi, mit figura substantiae seine Menschheit. Christus ist also Bild der Substanz
Gottes, zugleich aber auch Wahrheit, wahrer Gott[1]. Durch
seine Menschheit führte er zur Erkenntniss der Gottheit, die
unter der menschlichen Hülle verborgen war. So war es, als
er noch in sichtbarer Gestalt auf Erden wandelte. Er ist nun
aber nicht mehr auf Erden, sondern dem Leibe nach in den
Himmel aufgefahren. Zum Ersatze liess er uns dieses sichtbare
Sacrament zurück als ein Bild und Zeichen seines Fleisches
und Blutes, damit durch dasselbe Leib und Seele gestärkt und
auf das Unsichtbare und Geistige hingelenkt würden. Bild oder
Zeichen ist jedoch nur dasjenige, was äusserlich in die Sinne
fällt, Wahrheit dagegen ohne jeden Schatten, was innerlich
empfangen wird, und so bleibt in jedem Falle die wirkliche
Gegenwart des Leibes und Blutes Jesu Christi im Sacramente
bestehen[2].

Das bisherige Resultat ist also: Augustin konnte unbeschadet
der realen Präsenz in bildlichen Ausdrücken von der Eucharistie
sprechen, da sie nicht nur Wahrheit, sondern auch Bild ist.
Hierbei bleibt aber Paschasius nicht stehen. Er sucht nachzuweisen, dass die gegebene Erklärung der betreffenden Stelle
Augustins der Anschauung dieses grossen Kirchenlehrers vollständig entspreche. Zum Beweise, dass sich die Unterscheidung
von Wahrheit und Bild in der Eucharistie bei Augustin finde,
beruft er sich auf eine Stelle aus dessen Briefe an den Bischof
Bonifatius[3]. Seine auf diese Stelle aufgebaute Entwickelung

---

[1] Der durch seine Menschheit sichtbare Christus ist wahrer Gott
(Wahrheit), aber seine Gottheit ist nicht sichtbar, sie tritt in die Erscheinung durch seine Menschheit (Bild).

[2] De corp. 4, 2, Migne 120, 1279: Est figura vel character hoc
quod exterius sentitur, sed totum veritas et nulla adumbratio, quod interius percipitur, ac per hoc nihil aliud hinc inde quam veritas et sacramentum ipsius carnis aperitur.

[3] Die Stelle, welche Paschasius hier als augustinianisch anführt,
ist den Worten nach sehr frei citirt, dem Sinne nach aber im grossen
und ganzen genau. Sie lautet (es ist das ganze 9. Kapitel der ep. ad
Bonifatium episc., Migne 33, 363 f.): Nempe saepe ita loquimur, ut Pascha

ist folgende: Nach Augustin pflegen wir am Osterfeste zu sagen: Heute ist Christi Auferstehung. Und doch hat die Auferstehung

propinquante dicamus crastinam vel perendinam Domini passionem, cum ille ante tam multos annos passus sit nec omnino nisi semel passio illa facta sit. Nempe ipso die Dominico dicimus: Hodie Dominus resurrexit, cum ex quo resurrexit tot anni transierint. Cur nemo tam ineptus est, ut nos ita loquentes arguat esse mentitos, nisi quia istos dies secundum illorum quibus haec gesta sint similitudinem nuncupamus, ut dicatur ipse dies, qui non est ipse, sed revolutione temporis similis eius: et dicatur illo die fieri propter sacramenti celebrationem, quod non illo die, sed iam olim factum est? Nonne semel immolatus est Christus in seipso et tamen in sacramento non solum per omnes Paschae solemnitates, sed omni die populis immolatur, nec utique mentitur qui interrogatus eum responderit immolari? Si enim sacramenta quandam similitudinem earum rerum quarum sacramenta sunt non haberent, omnino sacramenta non essent. Ex hac autem similitudine plerumque etiam ipsarum rerum nomina accipiunt. Sicut ergo secundum quendam modum sacramentum corporis Christi corpus Christi et sacramentum sanguinis Christi sanguis Christi est, ita sacramentum fidei fides est. Nihil est autem aliud credere quam fidem habere. Ac per hoc cum respondetur parvulus credere, qui fidei nondum habet affectum, respondetur fidem habere propter fidei sacramentum et convertere se ad Deum propter conevrsionis sacramentum, quia et ipsa responsio ad celebrationem pertinet sacramenti. Sicut de ipso baptismo Apostolus: Consepulti, inquit, sumus Christo per baptismum in mortem. Non ait: Sepulturam significavimus, sed prorsus ait: Consepulti sumus. Sacramentum ergo tantae rei nonnisi eiusdem rei vocabulo significavi.

Zur Erklärung dieser dunkeln Stelle mag folgendes bemerkt werden. Der Bischof Bonifatius hatte dem hl. Augustinus folgende Schwierigkeit vorgelegt: Ueber die spätern Sitten eines Kindes können wir bei dessen Taufe nichts gewisses sagen, wir wissen nicht, ob es gut oder böse sein werde, wir wissen auch nicht, welche Gedanken es bei der Taufe hat. Wie können nun bei der Taufe die Eltern an Stelle des Kindes versichern, dass das Kind an Gott glaube, dass es sich zu Gott bekehre u. s. w.? Die Antwort Augustins ist in den obigen Worten enthalten. Suchen wir sie uns klar zu machen! Die Sacramente haben eine gewisse Aehnlichkeit mit den Dingen, deren Sacramente sie sind, d. h. die äussere Hülle (sacramentum) steht in einem gewissen Verhältniss der Aehnlichkeit zu der unter der Hülle verborgenen Sache (res) und vermöge dieser Beziehung kann die sichtbare Hülle mit dem Namen der Sache selbst bezeichnet werden. Dieses nun auf die einzelnen Fälle angewandt, erhalten wir folgende Sätze: Hodie est passio Christi = hodie est sacramentum passionis Christi. Hodie est resurrectio Christi = hodie est sacramentum resurrectionis Christi (passio et resurrectio Christi ist die

schon vor vielen Jahren und nur einmal stattgefunden. Wir
sagen aber trotzdem, dass im Laufe der Jahre ganz dieselbe

res, deren sacramentum die Festesfeier ist). Ferner: Eucharistia est
corpus Christi et sanguis = eucharistia est sacramentum corporis et
sanguinis Christi (corpus et sanguis Christi ist die res, die unter der
äusseren Hülle des Brodes und Weines [sacramentum] verborgen ist).
Nach dem Grundsatze: Sind zwei Dinge einem dritten gleich, so sind
sie auch unter sich gleich, kann man dann sagen: Sacramentum corporis
Christi corpus Christi et sacramentum sanguinis Christi sanguis Christi
est. In Bezug auf die Taufe hätten wir: Baptismus est fides = baptismus est sacramentum fidei und sacramentum fidei fides est. Das Kind
empfängt nun in der Taufe das Sacrament des Glaubens, also den Glauben,
glaubt demnach, weil es das Sacrament des Glaubens empfängt. Augustin
fährt dann im 10. Kapitel fort: Itaque parvulum, etsi nondum fides illa,
quae in credentium voluntate consistit, tamen ipsius fidei sacramentum
fidelem facit. Nam sicut credere respondetur, ita etiam fidelis vocatur,
non rem ipsa mente annuendo, sed ipsius rei sacramentum percipiendo.
Cum autem homo sapere coepit, non illud sacramentum repetet, sed in-
telleget eiusque veritati consona etiam voluntate coaptabitur. Hoc
quamdiu non potest, valebit sacramentum ad eius tutelam adversus con-
trarias potestates; et tantum valebit, ut si ante rationis usum ex hac
vita emigraverit, per ipsum sacramentum commendante Ecclesiae charitate ab illa condemnatione, quae per unum hominem intravit in mundum,
Christiano adiutorio liberetur. Hoc qui non credit et fieri non posse
arbitratur, profecto infidelis est, etsi habeat fidei sacramentum: longeque
melior est illo parvulus, qui etiam si fidem nondum habeat in cogita-
tione, non ei tamen obicem contrariae cogitationis opponit, unde sacramentum eius salubriter percipit.

Ob in dieser Stelle, soweit sie sich auf die Eucharistie bezieht, ein
Zeugniss für oder gegen den Glauben Augustins an die reale Präsenz
gegeben sei, haben wir nicht zu entscheiden. Paschasius fand dort
jedenfalls die reale Präsenz ausgesprochen; aber er hat diese Stelle
nicht citirt, um aus ihr den Glauben Augustins an die reale Präsenz zu
beweisen, sondern um, wie schon oben bemerkt wurde, aus ihr den Nachweis zu führen, dass dem Bischof von Hippo die Unterscheidung zwischen
Wahrheit und Bild in der Eucharistie nicht fremd gewesen sei. Gerade
das Secundum quendam modum, das nach der Meinung Rückerts (in
Hilgenfelds Zeitschrift für wissenschaftliche Theologie l. c.) dem Paschasius unbequem gewesen sein soll, leistete ihm hierbei die besten Dienste,
ebenso das Immolari in seipso gegenüber dem Immolari in sacramento
(die Begründung siehe im Text), wie es vom Kreuzopfer und vom Messopfer heisst. Sonst ist noch zu bemerken, dass Augustin aus der Eucharistie für die Taufe, Paschasius dagegen aus der Taufe für die Eucharistie argumentirt.

Auferstehung wiederkehre, so dass wir also einerseits in der
Auferstehung, welche wir feiern, dieselbe erkennen wie die
wirkliche Auferstehung, andererseits aber festhalten, dass die
wirkliche Auferstehung nur einmal stattgefunden hat. Weil
nun die Auferstehung, welche wir feiern, wegen der Wieder-
kehr der Zeiten in gewisser Beziehung dieselbe ist wie die
wirkliche Auferstehung, so kann man ohne Unwahrheit sagen:
Heute ist Christi Auferstehung. Damit wir nun, bemerkt hier
Paschasius, seine Ausdrucksweise begriffen und erkännten, dass
er sich nicht widerspreche und den erwähnten Ausspruch an
die Neophyten[1] nicht zurückziehen wolle, sondern damit wir
verständen, was er anderswo als eine tropische Redensart bezeichnet habe[2], fahre der grosse Kirchenlehrer fort[3]: Es lügt
auch nicht, wer sagt: Heute wird Christus geopfert. Denn die
Sacramente erhalten ihre Namen nach der Aehnlichkeit, welche
sie mit den Dingen haben, deren Sacramente sie sind. Ohne
diese Aehnlichkeit wären sie keine Sacramente. Also[4], schliesst
hieraus Paschasius, wenn derjenige geopfert wird, der nicht mehr
stirbt und über den der Tod keine Gewalt mehr hat, so geschieht es in sacramento. Er will sagen: Nach Augustin wird
Christus jeden Tag wirklich geopfert, aber nicht in grobsinnlicher Weise. Das kann nicht der Fall sein, weil Christus unsterblich ist. Wird er also trotzdem geopfert, so kann dies
nur in geheimnissvoller Weise (in sacramento) geschehen. Deshalb, fährt er fort, sagt Augustin: Wie in gewisser Hinsicht
das Sacrament des Leibes Christi der Leib Christi ist, so ist das
Sacrament des Blutes Christi das Blut Christi[5]. Wie kommt

---

[1] Er meint den Satz Augustins: Hoc agnoscite in pane quod pependit in cruce, hoc in calice quod manavit ex latere.

[2] Nämlich die Worte Christi: Nisi manducaveritis carnem Filii
hominis etc.

[3] Ep. ad Frud., Migne 120, 1353: Deinde addidit praefatus doctor,
ut modum loquendi intellegeremus, non quod sibi contrarius esse dicatur
aut praemissam sententiam suam ad neophytos velit referre, sed ut intellegere possemus, quod alibi tropice dictum esse monstraverat.

[4] Ep. ad Frud. l. c.: Ergo dum immolatur ille, qui iam non moritur neque mors ei ultra dominabitur, in sacramento fit.

[5] Ep. ad Frud. l. c.: Unde ait idem doctor: Secundum quendam
modum sicut sacramentum corporis Christi corpus est Christi sic sacramentum sanguinis Christi sanguis est Christi.

3 *

Paschasius zu diesem Schlusse? Die Sacramente haben den
Namen von ihrem Inhalte; sacramentum und res sacramenti
sind zwar nicht in jeder Hinsicht dasselbe (vgl. das secundum
quendam modum), aber ein wesentlicher Unterschied besteht
zwischen beiden doch nicht. So ist sacramentum immolationis
Christi = immolatio Christi und sacramentum corporis et sanguinis Christi = corpus et sanguis Christi, aber nur secundum
quendam modum, da das sacramentum corporis et sanguinis
Christi wohl der wirkliche Leib und das wirkliche Blut Christi
ist, aber unter den Accidentien des Brodes und Weines. Worin
liegt nun der Beweis? Darin, dass Augustin mit Bezug auf die
Eucharistie vom wirklichen Leibe und Blute Christi und doch
wieder vom Sacramente des Leibes und Blutes spricht, also die
reale Präsenz annimmt, zugleich aber auch das Bildliche, Figürliche in der Eucharistie betont.

Später kommt Paschasius noch einmal auf die Stelle
Augustins zu sprechen. Dort unterscheidet er in der Weise
und mit den Worten Augustins eine Opferung Christi in mysterio (sacramento) und in seipso (Messopfer und Kreuzopfer).
Jenes geht in geheimnissvoller Weise (spiritualiter) vor sich,
und es ist einerseits dasselbe Opfer, das einst am Kreuze dargebracht worden ist, aber andererseits wiederholt sich der Tod
Christi doch nicht thatsächlich, sondern Christus wird nur in
mysterio täglich für uns geopfert; es ist aber ein wirkliches
Opfer, so dass wir also im Brode empfangen, was am Kreuze
hing, und im Kelche, was aus Christi Seite floss. Geistig müssen
wir das Sacrament auffassen, nicht fleischlich. Sonst machen
wir uns eines Verbrechens schuldig.

So lehrt also Augustin die reale Präsenz und seine bild-
liche Ausdrucksweise lässt sich mit derselben wohl vereinigen.
Ist aber dem so, dann kann von einem Widerspruche zwischen
dem hl. Augustinus und den übrigen Vätern keine Rede sein.
Sie lehren alle gleich dem Bischofe von Hippo die reale Präsenz.
So Ambrosius, so Cyprian, so Eusebius von Emesa. Letzterer
sagt, aller Zweifel in Betreff der Eucharistie müsse schwinden,
da der Urheber des Sacramentes auch der Zeuge für dessen
Wahrheit sei; sichtbare Creaturen verwandle der unsichtbare
Priester durch sein Wort in die Substanz seines Leibes und

Blutes; wie einst auf Befehl des Herrn die ganze Welt aus dem
Nichts ins Dasein getreten sei, so trete auch hier durch dieselbe Macht die Wirkung ein; wie Christus die menschliche
Natur angenommen habe, so sei auch kein Zweifel, dass schon
geschaffene Wesen in den Leib des Herrn verwandelt werden
könnten[1].

Der zweite Zeuge, dessen Worte Paschasius genau anführt,
ist Papst Gregor der Grosse. Paschasius bringt die Stelle
Gregors in unmittelbarem Anschluss an seine auf Augustin sich
gründenden Ausführungen über die Identität des Kreuzes- und
des Messopfers. Gregor sagt[2] in jener Stelle, wir müssten Gott

---

[1] Euseb. Emiss. hom. V. de pascha, Max. Biblioth. 6, 636: Recedat
ergo omne infidelitatis ambiguum, quandoquidem qui auctor est muneris
ipse etiam testis est veritatis. Nam invisibilis sacerdos visibiles creaturas in substantiam corporis et sanguinis sui verbo suo secreta potestate
convertit ita dicens: Accipite et edite, hoc est enim corpus meum; et
sanctificatione repetita: Accipite et bibite, hic est sanguis meus. Ergo
sicut ad nutum praecipientis Domini repente ex nihilo substiterant ex-
celsa coelorum, profunda fluctuum, vasta terrarum: pari potentia in
spiritualibus sacramentis ubi praecipit virtus servit effectus . . . . Nec
dubitet quisquam primarias creaturas nutu potentiae praesentia maiestatis in Dominici corporis transire posse naturam, cum ipsum hominem
videat artificio coelestis misericordiae Christi corpus effectum. (Paschasius
hat diese Stelle wörtlich Ep. ad Frud., Migne 120, 1354.) Ueber Eusebius von Emesa und die unter seinem Namen cursirenden Schriften
vgl. A. Mai, Nova Bibl. 2, 499 f. und die Artikel des Kirchenlexikons
von Wetzer und Wette: Eusebius von Alexandrien und Eusebius
von Emesa.

[2] Greg. Magn., Dial. l. IV, c. 58, Migne 77, 425 (bei Paschasius
wörtlich Ep. ad Frud., Migne 120, 1355): Debemus itaque praesens
saeculum vel quia conspicimus defluxisse tota mente contemnere, quoti-
diana Deo lacrymarum sacrificia, quotidianas carnis et sanguinis hostias
immolare. Haec namque singularis victima ab aeterno interitu animam
salvat, quae illam nobis mortem Unigeniti per mysterium reparat. Qui
licet surgens a mortuis iam non moritur et mors ei ultra non dominabitur, tamen in seipso immortaliter et incorruptibiliter vivens pro nobis
iterum in hoc mysterio sacrae oblationis immolatur. Eius quippe ibi
corpus sumitur, eius caro in populi salutem partitur, eius sanguis non
iam in manus infidelium, sed in ora fidelium funditur. Hinc ergo,
pensemus quale sit pro nobis sacrificium, quod pro absolutione nostra
passionem unigeniti Filii semper imitatur. Quis enim fidelium habere
dubium possit, in ipsa immolationis hora ad sacerdotis vocem coelos

täglich das Opfer seines Fleisches und Blutes darbringen. Dieses Opfer, welches den Tod des Eingeborenen im Geheimnisse erneuere, rette die Seele vom ewigen Verderben. Dieser Eingeborene sei zwar nach seiner Auferstehung unsterblich und lebe in seiner Leiblichkeit ein unsterbliches und unvergängliches Leben, werde aber trotzdem immer wieder in hoc mysterio sacrae oblationis dargebracht. Sein Leib werde dort genommen, sein Fleisch vertheilt, sein Blut in den Mund der Gläubigen ausgegossen. Darin liege der Werth dieses Opfers für uns, dass in ihm zu unserer Versöhnung das Leiden des eingeborenen Sohnes immer wieder nachgeahmt werde. Bei diesem Opfer öffne sich auf das Wort des Priesters der Himmel, seien die Engel zugegen, vollziehe sich eine Verbindung des Höchsten mit dem Niedrigsten, des Irdischen mit dem Himmlischen, des Sichtbaren mit dem Unsichtbaren.

Wiederholt und mit Vorliebe beruft sich Paschasius auf das Zeugniss des hl. Cyrillus und der 150 mit ihm zu Ephesus versammelten Bischöfe[1]. Sie sagen, wir brächten in der Kirche das unblutige Opfer dar, würden geheiligt durch die Theilnahme am hl. Leibe und kostbaren Blute Christi; wir betrachteten es nicht als gewöhnliches Fleisch, auch nicht als das Fleisch eines

aperiri, in illo Iesu Christi mysterio angelorum choros adesse, summis ima sociari, terrena coelestibus iungi, unum ex visibilibus atque invisibilibus fieri?

[1] Cyrill. Alex., Anath. 11, Migne 76, 310 ff.: Εἴ τις οὐχ ὁμολογεῖ τὴν τοῦ Κυρίου σάρκα ζωοποιὸν εἶναι καὶ ἰδίαν αὐτοῦ τοῦ ἐκ Θεοῦ Πατρὸς Λόγου, ἀλλ' ὡς ἑτέρου τινὸς παρ' αὐτόν, συνημμένου μὲν αὐτῷ κατὰ τὴν ἀξίαν, ἤγουν ὡς μόνην ἐνοίκησιν ἐσχηκότος καὶ οὐχὶ δὴ μᾶλλον ζωοποιόν, ὡς ἔφημεν, ὅτι γέγονεν ἰδίᾳ τοῦ Λόγου τοῦ τὰ πάντα ζωοποιεῖν ἰσχύοντος· ἀνάθεμα ἔστω.

Ἐπίλυσις.

Τὴν ἁγίαν καὶ ζωοποιὸν καὶ ἀναίματον ἐν ταῖς ἐκκλησίαις τελοῦμεν θυσίαν οὐχ ἑνὸς τῶν καθ' ἡμᾶς καὶ ἀνθρώπου κοινοῦ σῶμα εἶναι πιστεύοντες τὸ προκείμενον, ὁμοίως δὲ καὶ τὸ τίμιον αἷμα, δεχόμενοι δὲ μᾶλλον ὡς ἴδιον σῶμα γεγονός, καὶ μέντοι καὶ αἷμα τοῦ τὰ πάντα ζωογονοῦντος Λόγου. Κοινὴ γὰρ σὰρξ ζωοποιεῖν οὐ δύναται. Paschasius bezieht sich auf diese Stelle Ep. ad Frud., Migne 120, 1355 f. (hier werden die Worte Cyrills in umschreibender Uebersetzung citirt) und Ep. ad Frud. (Sent. Cath. Patr.), Migne 120, 1360 f. und 1362 (hier nur die ausschlaggebenden Worte). An allen drei Stellen ist die Citation dem Sinne nach getreu.

geheiligten oder eines der Würde oder der Einwohnung nach mit dem Logos vereinigten Menschen, sondern als lebenspendendes und dem Logos persönlich eigenes Fleisch, das wegen seiner hypostatischen Vereinigung mit Gott göttliches Leben hat. Da nun, bemerkt hierzu Paschasius[1], die Vereinigung des menschlichen Leibes Christi mit dem Logos eine Vereinigung der Natur nach ist, so kann von einer Trennung keine Rede sein. Ist also in der Eucharistie das dem Logos persönlich eigene Fleisch (so behauptet ja das Concil von Ephesus), so muss es, da Christus nur einen Leib gehabt hat, dasselbe sein, welches aus Maria geboren ist und am Kreuze gehangen hat.

Weiterhin wird als Zeuge citirt der hl. Hilarius, der aus der Incarnation und aus dem Empfange des Fleisches Christi in der Communion folgert, dass unsere Vereinigung mit Christus nicht bloss eine Vereinigung dem Willen, sondern auch der Natur nach sei[2].

Papst Leo der Grosse endlich erklärt, das werde wahrhaft mit dem Munde genossen, was im Glauben erfasst werde. Deshalb müsse man so am hl. Mahle theilnehmen, dass man an der Wahrheit und Wirklichkeit des Leibes und Blutes Christi auch nicht den geringsten Zweifel hege. Vergebens werde von jenen Amen geantwortet, welche das, was sie empfangen, wegzuläugnen suchten[3].

---

[1] Ep. ad Frud. (Sent. Cath. Patr.), Migne 120, 1361.

[2] Hilar., De trin. l. VIII. c. 13, Migne 10, 246: Eos nunc qui inter Patrem et Filium voluntatis ingerunt unitatem, interrogo, utrumne per naturae unitatem hodie Christus in nobis sit an per concordiam voluntatis. Si enim vere Verbum caro factum est et vere nos Verbum carnem cibo Dominico sumimus: quomodo non naturaliter manere in nobis existimandus est, qui et naturam carnis nostrae iam inseparabiliter sibi homo natus assumpsit et naturam carnis suae ad naturam aeternitatis sub sacramento nobis communicandae carnis admiscuit? Ita enim omnes unum sumus, quia et in Christo Pater est et Christus in nobis est. Paschasius hat diese Stelle von Quomodo non naturaliter an wörtlich Ep. ad Frud. (Sent. Cath. Patr.), Migne 120, 1362 f. Wörtlich steht sie auch De corp. 9, 4, Migne 120, 1296.

[3] Leo Magn., De ieiun. VII. mens. serm. 6, Migne 54, 452: Sic sacrae mensae communicare debetis, ut nihil prorsus de veritate corporis Christi et sanguinis ambigatis. Hoc enim ore sumitur, quod fide cre-

Die letzten Worte geben dem Paschasius Veranlassung,
auch noch kurz auf das Zeugniss hinzuweisen, das sich im Ritus
der Kirche ausspricht. Er fragt, was denn die Gläubigen mit
dem Rufe Amen bekräftigen wollten, und antwortet, es sei die
Bestätigung der Bitte, die der Priester im Canon spräche: Ut
fiat corpus et sanguis etc. Auf dieses Gebet antworteten alle
Amen, und so bete die ganze Kirche bei allen Völkern und
bekenne dadurch, dass das im Sacramente zugegen sei, um was
sie bitte[1]. Wer das nicht glaube, widerspreche dem Herrn
selbst und der ganzen Kirche.

Paschasius schliesst dann den Auctoritätsbeweis mit den
Worten: „Es ist deshalb ein schmachvolles Verbrechen, in das
Gebet aller einzustimmen, aber nicht zu glauben, was die Wahrheit selbst bezeugt und was überall und allgemein von allen
als wahr anerkannt wird. Weil der Herr selbst gesagt hat,
es sei sein Leib und sein Blut, darf man nicht zweifeln, obwohl
wir mit unseren leiblichen Augen nicht sehen, was wir glauben.
Wir haben gehört, wie der Papst Gregor darüber dachte, wie
der hl. Cyrillus samt allen zu Ephesus versammelten Mitbischöfen,
wie mit ihnen Griechenland, wie Aegypten, wie der hl. Hieronymus . . . . . deshalb ist, wenngleich einige aus Unkenntniss
in Irrthümer gerathen sind, bislang doch noch niemand offen
aufgetreten, der geläugnet hätte, dass dieses so sei, wie der
ganze Erdkreis glaubt und bekennt[2].

---

ditur; et frustra ab illis Amen respondetur, a quibus contra id quod
accipitur disputatur. Paschasius gebraucht diese Stelle Ep. ad Frud.
(Sent. Cath. Patr.), Migne 120, 1360 und 1363. S. 1360 fehlt der Schluss
von Et frustra an. Die beiden anderen Sätze sind umgestellt; ausserdem
ist vor ore das Wort vere hinzugefügt. Sonst wörtlich; p. 1363 fehlt
der erste Satz und für Hoc enim ore sumitur steht Hoc ergo ore sumitur. Sonst wörtlich.

[1] Vgl. auch L. XII. in Matth., Migne 120, 973: Unde miror qui
dicunt hoc corpus Christi vere non esse quod de mensa Domini quotidie
communicamus, cur hoc linteum ita vocare placuerit (nämlich corporale),
si non hoc corpus Christi est, quod in eo et super eum conficitur.

[2] Ep. ad Frud. (Sent. Cath. Patr.), Migne 120, 1363.

V.

Die Art und Weise, wie Jesus Christus im Altars-sacramente gegenwärtig wird.

Nach Paschasius ist, wie wir bislang gesehen, in der Eucha-ristie der Leib und das Blut Christi in Wahrheit und Wirklich-keit zugegen. Die Frage ist nun: Wie wird Christi Fleisch und Blut gegenwärtig? Die katholische Kirche antwortet: Durch Transsubstantiation, durch Verwandlung der Substanz des Brodes und Weines in die Substanz des Leibes und Blutes Christi. Wie zu erwarten, kennt Paschasius das Wort Transsubstantiation nicht; ob er die Sache gekannt und gelehrt, muss die folgende Untersuchung entscheiden.

Es kommt hier zunächst in Betracht das 1. Kapitel des Buches De corpore et sanguine Domini. Wer glaubt, so führt Paschasius dort aus, dass Gott alles aus nichts erschaffen habe, kann auch nicht zweifeln, dass aus einem Dinge wiederum ein anderes werden könne, ja sogar ein anderes von ganz ent-gegengesetzter Natur. Denn wie der allmächtige Wille Gottes allein die Ursache der ganzen Schöpfung ist, so ist er auch die Ursache aller Veränderungen in derselben. Mag deshalb auch etwas der Natur zu widersprechen scheinen, so ist es gewissermassen doch nicht der Natur zuwiderlaufend, weil das Wesen alles Geschöpflichen eben darin besteht, dass es stets dem Willen dessen gehorche, von dem es sein Dasein hat. Gott hat nämlich die Dinge nicht so geschaffen, dass sie nun seinem Willen entrückt wären, vielmehr ist derselbe allmächtige Wille Gottes, dem die Dinge ihr Entstehen verdanken, auch der Grund, dass sie fortbestehen, und zwar so fortbestehen, wie Gottes Wille es bestimmt. Was Gott will, das sind die Dinge. So darf auch niemand daran zweifeln, dass im Altarssacramente der wahre Leib und das wahre Blut Christi zugegen sei. Denn so hat es der Schöpfer gewollt. Und weil es der Schöpfer gewollt hat, so müssen wir glauben, dass nach der Consecration, wenngleich unter der Gestalt des Brodes und Weines, nichts anderes zugegen sei als Christi Fleisch und Blut. Hat doch die Wahrheit selbst zu den Jüngern gesagt: Dieses ist mein

Fleisch für das Leben der Welt. Ja es ist durchaus kein anderes Fleisch als dasjenige, welches von Maria geboren ist, am Kreuze gelitten hat und aus dem Grabe auferstanden ist. Es ist dasselbe und deshalb ist es Christi Fleisch, welches für das Leben der Welt noch heute geopfert wird und dessen würdiger Empfang in uns das ewige Leben bewirkt[1]. Doch, meint Paschasius, es könnte dieses jemandem weniger glaubhaft scheinen. Er nimmt deshalb die Betrachtung noch einmal von einer andern Seite auf. Er erinnert an die Wunder des A. und N. T. Diese, weil gegen den gewöhnlichen Lauf der Natur von Gott gewirkt, zeigen klar und deutlich, dass Gott nichts unmöglich ist. Paschasius zählt eine Reihe dieser Wunder auf und fragt stets, ob die Wirkung in der Natur der betreffenden Dinge ihren Grund habe oder im Willen Gottes. Die Antwort kann nicht zweifelhaft sein: Gott wollte es, deshalb trat die Wirkung ein. Weil nun, wird wiederum geschlossen, Gott gewollt hat, dass dieses Sacrament sein Fleisch und Blut sei, darf man nicht daran zweifeln; man muss vielmehr fest glauben, dass dieses jenes Fleisch sei, welches für das Leben der Welt dargebracht ist und dessen würdiger Empfang vor dem ewigen Tode bewahrt[2].

Doch noch in anderer Weise verwendet Paschasius die Wunder für seinen Zweck. Er sagt: Zweck der Wunder war,

---

[1] De corp. 1, 2, Migne 120, 1269: Et ideo nullus moveatur de hoc corpore Christi et sanguine, quod in mysterio vera sit caro et verus sit sanguis, dum sic voluit ille qui creavit. Omnia enim quaecunque voluit fecit in coelo et in terra, et quia voluit, licet in figura panis et vini maneat, haec sic esse omnino nihilque aliud quam caro Christi et sanguis post consecrationem credenda sunt. Unde ipsa Veritas ad discipulos: Haec, inquit, caro mea est pro mundi vita: et ut mirabilius loquar non alia plane quam quae nata est de Maria et passa in cruce et resurrexit de sepulchro. Haec, inquam, ipsa est et ideo Christi est caro, quae pro mundi vita adhuc hodie offertur et cum digne percipitur, vita utique aeterna in nobis reparatur.

[2] De corp. 1, 4, Migne 120, 1271: Unde quia sic voluit, ut caro eius esset et sanguis hoc mysterium, in nullo dubites, si Deum credis; sed vera fide habeas in animo, quod haec est caro illa, quae oblata est pro mundi vita, quam qui digne comederit, mortem non videbit in aeternum.

zu beweisen, dass Christus Gott war. Gott aber ist die Wahrheit. Ist demnach Christus die Wahrheit, so ist auch wahr, was er in diesem Geheimnisse verheissen hat, und deshalb ist es Christi wahres Fleisch und Blut. Danach haben also die Wunder den Zweck, den Glauben erst zu wecken; diesen Zweck hat das Altarssacrament nicht, es ist vielmehr Gegenstand des Glaubens. Deshalb haben wir auch in den Wundern eine sichtbare Wirkung, nicht aber bei der Eucharistie. Die Veränderung, welche sich hier vollzieht, ist eine unsichtbare und tritt nach aussen nicht zu Tage, da Auge und Geschmack keine Veränderung wahrnehmen[1].

Das sind die Hauptgedanken des 1. Kapitels. Augenscheinlich ist von einer Veränderung die Rede, welche durch die Consecration bewirkt wird. Aber ist diese Veränderung als eine substantiale, als eine Wesensverwandlung zu fassen? Wir müssen diese Frage entschieden bejahen. Wohl bezieht sich Paschasius auch auf accidentelle Veränderungen in der Natur, wohl sind unter den Wundern, die er anführt, auch solche, die in den betreffenden Dingen nicht eine Veränderung dem Wesen nach bewirken. Allein daraus folgt noch nicht, dass er auch bei der Eucharistie nur eine accidentelle Veränderung angenommen haben müsse. Dem widerspricht die auf die Eucharistie bezügliche Stelle geradezu. Paschasius sagt: Nullus moveatur de hoc corpore Christi et sanguine, quod in mysterio vera sit caro et verus sit sanguis. Also Christi wahres Fleisch und Blut ist zugegen. Aber sind nun Brod und Wein nicht mehr vorhanden? Die bislang citirten Worte geben hierüber keinen Aufschluss. Aber später heisst es: Nihil aliud quam caro Christi et sanguis post consecrationem credenda sunt. Also post consecrationem ist Christi Fleisch und Blut zugegen, sonst nichts. Und ante consecrationem? Brod und Wein. Ist nun post consecrationem weiter nichts als Christi Fleisch und Blut zugegen, so können Brod und Wein nicht mehr vorhanden sein, sie sind

---

[1] De corp. 1, 5, Migne 120, 1271: Visu corporeo et gustu propterea non demutantur, quatenus fides exerceatur ad iustitiam . . . . non ob miraculum ista mutantur exterius in speciem, sed interius, ut fides comprobetur in spiritu.

verschwunden. Aber wie sind sie verschwunden? Durch Ver-
nichtung oder durch Verwandlung? Darüber sagt unsere Stelle
nichts. Alles das aber, was Paschasius über die Veränderungen
in der Natur gesagt hat, legt es nahe, dass das Brod durch
Verwandlung verschwunden, d. h. in den Leib Christi verwandelt ist. Ist aber wirklich das Brod und der Wein in den
Leib und das Blut Christi verwandelt, so wird das gewiss ein
jeder als eine substantiale, als eine Wesensverwandlung anerkennen. Nehmen wir noch hinzu, dass nach Paschasius
die Accidentien des Brodes und Weines bleiben, so haben wir
wenigstens im allgemeinen den Begriff der Transsubstantiation,
wie ihn die katholische Kirche fasst.

So viel über dieses Kapitel. Es muss zugestanden werden,
dass in ihm kein einziges ausdrückliches Wort von einer Verwandlung des Brodes und Weines in den Leib und das Blut
Christi sich findet, daneben aber auch gleich betont werden,
dass aus dem Zusammenhange die Wesensverwandlung mit
Nothwendigkeit sich ergibt, dass dem ganzen Kapitel der Glaube
an dieselbe zu Grunde liegt und dass es anders unverständlich ist.
Es handelte sich hier nicht darum, den Begriff der eucharistischen Wandlung zu entwickeln — dieser wird vorausgesetzt —,
es wollte vielmehr Paschasius darthun, dass sie nichts Unmög-
liches in sich schliesse. Daher auch die stete Berufung auf
die Allmacht Gottes.

Es bleibt indess die Frage, ob Paschasius nicht auch mit
ausdrücklichen Worten die Wesensverwandlung gelehrt habe.
Wir haben deshalb näher auf die Stellen einzugehen, welche
sich auf die Art und Weise beziehen, wie Christus in der
Eucharistie gegenwärtig wird.

In hoc quippe verbo, sagt Paschasius bei Besprechung der
Worte der zweiten Consecration, sanguis efficitur, quod antea
vinum et aqua fuerat[1]. Die Vorstellung der Verwandlung des
Weines in das Blut Christi liegt hier offenbar zu Grunde, ist
jedoch dem Wortlaute nach nicht ausgesprochen. Klarer ist
schon folgende Stelle. Paschasius untersucht die Frage, ob die
Eucharistie Wahrheit oder Bild sei, und kommt zu dem Schlusse,

---

[1] De corp. 15, 2, Migne 120, 1323.

sie sei Wahrheit und Bild zugleich: veritas, dum corpus Christi
et sanguis virtute Spiritus in verbo ipsius ex panis et vini substantia efficitur[1]. Hier haben wir einen doppelten Fortschritt.
Paschasius sagt nicht: Panis et vinum efficitur corpus et sanguis
Christi, sondern ex etc., und zweitens nicht ex pane et vino,
sondern ex panis et vini substantia. Also Uebergang von
dem Brode und Weine und zwar der Substanz des Brodes und
Weines in den Leib und das Blut Christi. Doch noch immer
fehlt das Wort Verwandlung. Wir haben es in folgender Stelle:
Substantia panis et vini in Christi carnem et sanguinem efficaciter interius commutatur, ita ut deinceps post consecrationem
iam vera Christi caro et sanguis veraciter credatur[2]. Also Verwandlung und zwar Verwandlung der Substanz des Brodes und
Weines in den Leib und das Blut Christi. Sie geschieht efficaciter d. h. tritt wirklich ein; sie geht aber interius vor sich;
es bleiben also die Accidentien des Brodes und Weines. Hier
finden wir endlich mit ausdrücklichen Worten den Begriff der
Wesensverwandlung, oder sagen wir gleich, der Transsubstantiation ausgesprochen.

Noch einen Schritt weiter geht Paschasius, wenn er sagt:
Spiritui sancto gratiae quam maximam videtur contumeliam
facere quicunque terrenam panis ac vini substantiam, dum eiusdem Spiritus virtute et consecratione sanctificatur, in ipsam
eandem carnem et sanguinem, quam beata Virgo eiusdem
Spiritus virtute et operatione concepit et peperit, dubitat posse
converti[3]. Das Neue ist hier die starke Betonung der Identität,
die Behauptung, dass die Substanz des Brodes und Weines in
den historischen Leib Christi verwandelt werde, in ganz dasselbe Fleisch und Blut, welches Maria geboren habe.

---

[1] De corp. 4, 1, Migne 120, 1278.

[2] De corp. 8, 2, Migne 120, 1287. Für den Begriff „verwandeln"
kommen noch vor die Ausdrücke converti (s. d. folg. im Texte angeführte
Stelle), verti (De corp. 11, 2, Migne 120, 1309: Non quod aqua permaneat, sed vertitur in sanguinem), transfundere (De corp. 12, 1, Migne
120, 1310: Transfundit vinum in sanguinem), transferri (De corp. 2, 2,
Migne 120, 1274), facere ex (De corp. 12, 1, Migne 120, 1311: Numquid
impotens est facere ex aliquo quod sine semine in utero creaverat).

[3] De corp. 21, 9, Migne 120, 1340.

Die Identität wird auch in folgender Stelle betont: Quia
Christum vorari fas dentibus non est, voluit in mysterio hunc
panem et vinum vere carnem et sanguinem consecratione Spiritus sancti potentialiter[1] creari, creando vere quotidie pro mundi
vita mystice immolari, ut sicut de Virgine per Spiritum vera
caro sine coitu creatur, ita per eundem ex substantia panis et
vini idem Christi corpus et sanguis consecretur[2]. In den letzten
Worten haben wir wieder die Entstehung des historischen (idem)
Leibes und Blutes Christi aus der Substanz des Brodes und
Weines; denn consecretur ist offenbar so viel als consecrando
efficiatur. Schwierigkeit dagegen macht das creari im ersten
Theile des Satzes. Dadurch wird der Act der Consecration geradezu als eine Schöpfung bezeichnet[3]. Ist aber die Consecration
wirklich eine Schöpfung im eigentlichen Sinne, so kann von
einer Verwandlung und folglich von einer Transsubstantiation
nicht mehr die Rede sein. Die Frage ist also: Nimmt Paschasius das Wort creare hier in seiner eigentlichen Bedeutung,
nämlich für: aus nichts hervorbringen? Wenn ja, dann wären
die Stellen, in denen er das Wort creare mit Bezug auf das
Gegenwärtigwerden Christi im Altarssacramente gebraucht, bei
der Menge und Klarheit seiner andern diesbezüglichen Aussprüche
zwar kein Grund, ihn als Läugner der Wesensverwandlung hin-
zustellen; allein er hätte sich dann doch in einen Widerspruch
verwickelt, der in uns den Zweifel erwecken könnte, ob er
über die Art und Weise, wie Christus in der Eucharistie gegenwärtig werde, eine klare und entschiedene Anschauung gehabt
habe. Da dieses ohne zwingenden Grund nicht angenommen
werden darf, so ist zu untersuchen, ob Paschasius das Wort
creare nicht in einem Sinne gebrauche, der mit der anderswo
so deutlich ausgesprochenen Wandlungslehre sich in Einklang
bringen lasse. Unsere Stelle selbst verbietet nun, dem Worte

---

[1] Das potentialiter will nichts anderes sagen als oben das efficaciter.
[2] De corp. 4, 1, Migne 120, 1277 f. Vgl. De corp. 3, 4, Migne 120, 1277.
[3] Vgl. De corp. 12, 1, Migne 120, 1311: Neque ab alio caro eius
creatur et sanguis nisi a quo creata est in utero Virginis. De corp. 12, 3,
Migne 120, 1312: Nova fit creatura. Ep. ad Frud. (in Matth. 26, 26),
Migne 120, 1260: Sanguis . . . . . creatur, ut vere sanguis credatur qui
effusus est etc.

creare die Bedeutung „aus nichts hervorbringen" beizulegen.
Sage ich: etwas wird aus nichts hervorgebracht, so läugne ich
das Vorhandensein jedweden Stoffes, aus dem das Ding entstehen könnte. Nun sagt aber Paschasius: Hunc panem et
vinum vere carnem et sanguinem creari. Es wird also ein
Stoff, aus welchem Christi Fleisch und Blut entsteht, vorausgesetzt (panis et vinum). Wir haben demnach hier einen positiven terminus a quo und damit ist eine Schöpfung im eigentlichen Sinne ausgeschlossen. Die Worte können darum nur
so viel heissen als: Ex pane et vino carnem et sanguinem creari
oder creando fieri, und dass so wieder die Verwandlung ausgesprochen ist, liegt auf der Hand. Thatsächlich drückt sich
Paschasius einmal so aus: Creatur ex aliquo non qualiscunque,
sed nova salutis creatura, caro et sanguis Christi, veluti in
baptismo homines nova efficiuntur creatura et corpus Christi[1].
Indess wenn auch der Gebrauch des Wortes creare der an
anderen Stellen so klar ausgesprochenen Verwandlungslehre
keinen Eintrag thut: der Ausdruck ist doch nicht ganz glück-
lich gewählt. Seine Wahl erklärt sich aus der Gewohnheit
des Paschasius, den Consecrationsact in Beziehung zu bringen
zu dem Schöpfungsacte, sowie aus dem Bestreben, seinen Lesern
stets wieder in Erinnerung zu rufen, dass es sich bei der
Consecration um eine Wirkung handle, die ebenso wie die
Schöpfung nicht dem Menschen, sondern nur Gott zukomme[2].

Eine Schwierigkeit ganz eigener Art in Betreff der Paschasianischen Verwandlungslehre muss noch kurz erwähnt werden.
Paschasius erzählt, wie ein Greis durch das Erscheinen Christi
in Gestalt eines kleinen Kindes bei der hl. Messe von seiner
Zweifelsucht geheilt wurde. Er lässt dann zwei andere Greise,
die um eine derartige Erscheinung zu Gunsten jenes Greises

---

[1] De corp. 15, 1, Migne 120, 1321. Die Veränderung, welche die
Taufe im Menschen hervorbringt, ist allerdings nur eine accidentelle;
der Einwand jedoch, den man auf Grund dieser Stelle gegen den Glauben
Radberts an die Wesensverwandlung erheben könnte, wird schon dadurch abgeschnitten, dass, wie die vorhergehenden und die nachfolgenden
Sätze zeigen, der angezogene Vergleich weniger auf die Art und Weise
der Verwandlung als vielmehr auf deren Ursache geht.

[2] Vgl. übrigens S. Thomas, S. th. 3, 75, 8.

gebetet hatten, zu diesem sagen: Deus scit humana natura quia
non potest vesci carnibus crudis et propterea transformavit corpus
suum in panem et sanguinem suum in vinum[1]. Mit dieser
Nutzanwendung scheint die katholische Transsubstantiationslehre
geradezu auf den Kopf gestellt zu sein[2]. Allein so verfänglich
der Satz auch klingen mag, eine vollständige Verkehrung der
katholischen Transsubstantiationslehre braucht man in ihm doch
nicht zu finden. Ob die ganze Erzählung, insbesondere die
Behauptung, dass das Brod naturale oder naturaliter corpus
Christi sei, der katholischen Lehre von der Existenzweise Christi
im Altarssacramente entspreche, kommt hier weiter nicht in
Betracht. Den Ausschlag gibt vielmehr der Schluss der Erzählung. Der ungläubige Greis will communiciren. Da wird
ihm blutiges Fleisch dargereicht. Er entsetzt sich, und auf
sein Bekenntniss, dass er nun glaube, facta est caro illa in
manu eius panis secundum mysterium d. h. die Brodsgestalt
kehrte zurück. Dieses vorausgesetzt, können die Worte der
beiden Greise — und der Ausdruck transformavit begünstigt
diese Auffassung — nur folgenden Sinn haben: Die menschliche Natur sträubt sich, das rohe, blutige Fleisch Christi zu
essen. Und trotzdem essen wir es und müssen es essen. Um
uns dieses nun zu erleichtern, gibt uns Christus sein Fleisch
und Blut unter der Gestalt, der Hülle des Brodes und Weines.
Wir sehen nicht die Gestalt (forma) von Fleisch und Blut,
sondern statt dieser die des Brodes und Weines. Für unsere
Sinne hat eine transformatio stattgefunden derart, dass die forma
carnis et sanguinis übergegangen zu sein scheint in die forma
panis et vini.

Eine vielleicht noch bedenklichere Stelle findet sich De
corp. 9, 2, Migne 120, 1295: In creaturam panis vinique transfertur (sc. Christus). Indessen scheint die Stelle corrumpirt zu
sein. Ferner findet sich der ganze Abschnitt, dem sie angehört,
nur in zwei Handschriften (das gilt auch von der soeben be-
sprochenen Stelle). Jedoch die Echtheit der Stelle auch zu-

---

[1] De corp. 14, 4, Migne 120, 1319.

[2] So u. a. auch Bach, Dogmengeschichte des Mittelalters I. Theil,
S. 169, Anmerkung 28.

gegeben, folgt aus ihr noch nichts mit Nothwendigkeit gegen die Paschasianische Verwandlungslehre. Die Worte würden nur besagen, dass Christus im Brode und Weine gegenwärtig werde, dass eine translatio Christi in creaturam panis vinique stattfinde. Ob Brod und Wein dabei dem Wesen nach bleiben oder nicht, ist nicht gesagt, wird aber durch sonstige Aeusserungen zur Genüge entschieden.

Gehen wir nun zu der zweiten Bedingung der eucharistischen Wandlung über, welche die Kirche durch den Ausdruck manentibus speciebus dogmatisch fixirt hat. Nach Paschasius ist die eucharistische Wandlung, wie wir das zu bemerken schon Gelegenheit hatten, ein innerer, unsichtbarer Vorgang und tritt nach aussen nicht zu Tage. Die Eucharistie hat nach der Consecration durchaus nicht die Farbe und den Geschmack von Fleisch, für die körperlichen Sinne tritt keine Veränderung ein[1].

Welche Gründe aber bewogen Christus, uns sein Fleisch und Blut nicht in seiner eigenen, sondern in einer fremden Gestalt zu geben? Paschasius weiss eine ganze Reihe solcher Gründe aufzuzählen. Es wäre doch, meint er, gegen alles menschliche Gefühl gewesen, Christi Fleisch und Blut, das, wenn es auch das Fleisch und Blut des Heiles ist, doch das Fleisch und Blut eines Menschen bleibt, unter der Gestalt von Fleisch und Blut zu empfangen[2]. In diesem Sinne fassten manche Jünger die Worte Christi auf und bezeichneten sie deshalb als eine harte Rede. Wenn nun aber schon die Jünger den grobsinnlichen Genuss so anstössig finden: was würden erst die Unwissenden und Ungläubigen sagen? Würden sie nicht die Christen für Unmenschen halten, weil sie Menschenfleisch ässen und Menschen-

---

[1] De corp. 1, 2, Migne 120, 1269: Licet in figura panis et vini maneat. De corp. 1, 5, Migne 120, 1271: Visu corporeo et gustu corporeo propterea non demutantur . . . . non ob miraculum ista mutantur exterius in speciem, sed interius, ut fides comprobetur in spiritu. De corp. 3, 4, Migne 120, 1277: Quamvis nec visu exterius nec gustu saporis comprehendatur. De corp. 8, 2, Migne 120, 1287: Substantia panis . . . . interius commutatur. De corp. 13, 1, Migne 120, 1315: Quod vero colorem aut saporem carnis minime praebet etc.

[2] De corp. 10, 1, Migne 120, 1306: Durius esset contra consuetudinem humanam, licet carnem salutis, tamen carnem Christi in speciem et colorem ipsius mutatam et vinum in cruorem conversum accipere.

blut tränken, und müsste so nicht verabscheuungswürdig werden,
was doch wünschenswerth sein soll?¹ Erschiene das Fleisch in
sichtbarer Gestalt, so könnte ferner vom Glauben und von
einem Geheimnisse nicht mehr die Rede sein, sondern es wäre
ein Wunder gewirkt, entweder um uns zum Glauben zu führen,
oder um die Gottlosen von der unwürdigen Communion ab-
zuschrecken. Die Eucharistie ist aber für diejenigen bestimmt,
welche schon glauben, Zeichen und Wunder dagegen für die
Ungläubigen, damit sie durch dieselben zum Glauben geführt
werden². Wir würden auch nichts dadurch gewinnen. Denn
es ist ja auch jetzt, wo die Gestalten bleiben, nicht das zugegen, was gesehen wird (d. h. es ist auch jetzt Christi Leib
zugegen, nicht aber Brod). Und träte auch eine sichtbare
Verwandlung ein, so wäre das Altarssacrament doch nicht mehr
Christi Fleisch und Blut, als es so auch ist³. Ueberhaupt
musste dieses Sacrament so eingerichtet werden, dass einerseits
die geheimnissvollen Schätze desselben den Ungläubigen verborgen blieben, andererseits die Gläubigen durch ihren Glauben
ihre Verdienste mehrten, sie aber auch alles das in Wahrheit
empfingen, was in diesem Sacramente versprochen ist⁴. Zugleich sollen sie dadurch, dass ihnen der Leib des Herrn verhüllt gereicht wird, hingewiesen werden auf jene vollständige
Sättigung in der Anschauung Gottes im Himmel⁵.

Es fehlt indessen nicht an Beispielen, dass Christi Fleisch
und Blut in sichtbarer Gestalt erschienen sind. Das geschah,
um Zweifelnde im Glauben zu stärken oder um besonders
fromme Seelen für ihre innige Liebe zu belohnen, oder auch
um Ungläubige zum Glauben an dieses Sacrament zu bekehren.

¹ De corp. 13, 2, Migne 120, 1316.
² De corp. l. c. Vgl. De corp. 8, 2, Migne 120, 1287: Si enim totum
visibile fieret, nullum in eo mysterium vel secretum esset, nulla fides.
De corp. 1, 5, Migne 120, 1271: Quatenus fides exerceatur ad iustitiam
et ob meritum fidei merces in eo iustitiae consequatur . . . . ut fides
comprobetur in spiritu.
³ De corp. 10, 1, Migne 120, 1305 f.: Nec hoc est iam quod videtur
nec fieret illud amplius ut esset caro et sanguis quam ut percipitur . . . .
si mutaretur in carnem, nihil amplius caro Christi esset quam est.
⁴ De corp. 13, 1, Migne 120, 1315.
⁵ De corp. l. c.

Freilich müssen wir glauben, auch ohne gesehen zu haben. Da wir aber harten Herzens sind, so wollte Gott in seiner Güte durch die Erscheinungen, die er einigen zu Theil werden liess, allen zu Hilfe kommen, damit fürderhin niemand mehr zweifle. Diese Erscheinungen bekräftigen die Worte Christi über das Altarssacrament. Um so unverantwortlicher ist es, wenn jemand bei diesem doppelten Beweise, dem der Worte Christi und dem der Wundererscheinungen, an die reale Präsenz nicht glauben will[1].

Fassen wir nun zum Schluss die Lehre des Paschasius über die eucharistische Wandlung in einigen kurzen Sätzen zusammen:

I. Durch die Consecration wird am Brode und am Weine eine Veränderung bewirkt.

II. Diese Veränderung ist eine derartige, dass die Substanz des Brodes und Weines schwindet und Christi Fleisch und Blut an ihre Stelle tritt.

III. Brod und Wein schwinden, aber nicht durch Annihilation, sondern durch Verwandlung in den Leib und das Blut Christi.

IV. Diese Verwandlung berührt aber nur die Substanz des Brodes und Weines, so zwar, dass diese nach ihrem ganzen Sein, nach Materie und Form, verwandelt wird (also conversio substantialis totalis). Dagegen bleiben die Accidentien des Brodes und Weines nach wie vor dieselben.

V. Von der Regel, dass die Wirkung dieser Wandlung unsichtbar sei, wird bisweilen in den Wundererscheinungen eine Ausnahme gemacht.

VI.

Der Minister der Eucharistie.

Nachdem wir im Vorhergehenden nachgewiesen haben, dass Paschasius die katholische Transsubstantiationslehre vorgetragen habe, ist die zunächstliegende Frage: Wessen Werk ist nach ihm die Wandlung? Ist sie Werk Gottes oder ist sie Werk des consecrirenden Priesters? Wir kommen somit

---

[1] De corp. 14, 1, Migne 120, 1316 f. In den folgenden Nummern erzählt dann Paschasius mehrere Beispiele solcher Erscheinungen.

naturgemäss zu der Lehre des Paschasius von dem Minister der
Eucharistie. Neben andern gelegentlichen Aeusserungen hat
Paschasius ex professo über die erwähnte Frage in dem 13.
Kapitel seines Buches De corpore et sanguine Domini sich ausgesprochen. Es ist jedoch zu bemerken, dass die Thesis, welche
er in diesem Kapitel beweisen will, zunächst nicht die ist:
Gott bringt die eucharistische Wandlung hervor, nicht der
Priester, sondern die: Für das Mehr oder Weniger des Em-
pfanges kommt nichts darauf an, ob der Priester gut oder
schlecht sei, man empfängt in der Eucharistie stets nichts an-
deres als Christi Fleisch und Blut. Diese Thesis findet dann
in erster Linie ihre Begründung durch den schon angeführten
Satz, dass die eucharistische Wandlung nicht vom Priester,
sondern von Gott bewirkt werde[1]. Da von der Wahrheit dieses
Satzes die Richtigkeit der ersten Thesis bedingt ist, so ist seiner
Begründung der erste Theil des Kapitels gewidmet. Im zweiten
Theile erhält durch die Betonung des Umstandes, dass der
Priester kraft seines Amtes und seines priesterlichen Charakters
consecrire, die Hauptthesis noch eine weitere Illustrirung. Wir
sehen, Paschasius behandelt hier mit besonderer Beziehung auf
das Altarssacrament die bekannte Frage, ob die Wirksamkeit
der Sacramente abhängig sei von der Würdigkeit oder Unwürdigkeit ihrer Spender.

Gehen wir nun nach diesen Vorbemerkungen zur Beantwortung unserer Frage über, wer nach Paschasius die Transsubstantiation bewirke.

Am häufigsten wird sie der Thätigkeit des hl. Geistes zugeschrieben[2]. Wie in allen Sacramenten, so wirkt auch in der

---

[1] De corp. 12, 1, Migne 120, 1310: Vere credere et indubitanter
scire debemus infra catholicam Ecclesiam, nihil a bono maius nihilque
a malo minus percipi sacerdote nihilque aliud quam caro Christi et
sanguis, dum catholice consecratur, quia non in merito consecrantis, sed
in verbo efficitur Creatoris et virtute Spiritus sancti, ut vera caro Christi
et sanguis, non alia quam quae de Spiritu sancto creata est, vera fide
credatur.

[2] De corp. 4, 1, Migne 120, 1278: Virtute Spiritus. De corp. 7, 1,
Migne 120, 1285: Corpus, ut vera caro sit Christi . . . . per Spiritum
sanctum consecratur. De corp. 9, 2, Migne 120, 1294: Ineffabili Spiritus

Eucharistie der hl. Geist[1], und zwar derselbe hl. Geist, der in der Incarnation aus der Jungfrau den Leib Christi gebildet hat[2]. Eben deshalb fügt auch derjenige, welcher an die Transsubstantiation nicht glaubt, dem hl. Geiste die grösste Schmach zu[3]. An andern Stellen erscheint Christus selbst als der Urheber der eucharistischen Wandlung. Ihm als dem wahren und höchsten Priester ist sowohl alle heiligende Wirkung des geheimnissvollen Opfers als auch die Verwandlung der sichtbaren Sache in sein eigenes Fleisch und Blut zuzuschreiben[4]. Christus ist es eigentlich, der die Opferhandlung vollzieht; er selbst theilt an die Gläubigen sein Fleisch und Blut aus, der Priester ist nur sein sichtbarer Stellvertreter[5].

Wieder an andern Stellen tritt als Ursache der Transsubstantiation mehr die Person des Vaters in den Vordergrund, dem als Schöpfer des Weltalls auch die Wandlung zukommt[6]. Denn diese ist ja eine Art Schöpfung und setzt schöpferische Kraft voraus. Schöpferische Kraft aber besitzt allein Gott; er allein ist creator und recreator; nur er, der die Dinge zuerst erschaffen hat, kann sie auch zum Bessern umschaffen[7]. Wie das Schöpferwort noch immer fortwirkt und in Kraft dieses einmal gesprochenen Wortes noch heute fort und fort neue

---

sanctificatione. Ep. ad Frud. (Sent. Cath. Patr.), Migne 120, 1361: Nemo credit hoc ita esse, nisi per Spiritum sanctum, per quem hoc efficitur sacramentum.

[1] De corp. 3, 4, Migne 120, 1277.

[2] So u. a. De corp. 4, 1, Migne 120, 1277 f. De corp. 4, 3, Migne 120, 1279. De corp. 12, 1, Migne 120, 1310. De corp. 12, 1, Migne 120, 1311.

[3] De corp. 21, 9, Migne 120, 1340.

[4] De corp. 2, 2, Migne 120, 1274: Quia omnem sanctificationem mystici sacrificii et efficaciam quomodo sensibilis res intelligibiliter virtute Dei per verbum Christi in carnem ipsius ac sanguinem divinitus transferatur . . . . . siquidem Christo, qui verus et summus sacerdos est, catholice totum tribuere oportet. Vgl. De corp. 15, 1 f., Migne 120, 1321 ff.

[5] De corp. 8, 3, Migne 120, 1288. De corp. 12, 1, Migne 120, 1311. De corp. 12, 3, Migne 120, 1312.

[6] De corp. 12, 1 und 2, Migne 120, 1310 f. De corp. 15, 1, Migne 120, 1321 f. Ep. ad Frud. (in Matth. 26, 26), Migne 120, 1358.

[7] De corp. 15, 1, Migne 120, 1322: Cuius potentia creata sunt prius, eius utique verbo ad melius recreantur, quia nemo creator alicuius rei aut recreator nisi unus Deus catholice praedicatur.

Wesen entstehen, so wirkt auch das Wort, das einmal beim
letzten Abendmahl gesprochen ist, in der Eucharistie noch
immer fort. Was Gott einmal gewollt hat, das tritt auch
heute noch immerfort ein[1].

So ist die ganze Dreifaltigkeit bei der Transsubstantiation
betheiligt[2] und zwar — die Aeusserungen des Paschasius geben
uns ein Recht so zu schliessen, wenngleich er diesen Gedanken
niemals ausdrücklich ausgesprochen hat — der Vater, weil die
Wandlung eine schöpferische Kraft voraussetzt; der Sohn, weil
sie durch sein Wort bewirkt wird; der hl. Geist, weil er die
wirkende, heiligende Kraft Gottes ist.

Die Gründe, weshalb die Wandlung nur von Gott, nicht
aber vom Priester bewirkt werde, sind damit schon angegeben,
nämlich:

1. Der Priester besitzt nicht die schöpferische Kraft, welche
zur Wandlung erforderlich ist; ausserdem ergäbe sich sonst das
Absurdum, dass er der Schöpfer seines Schöpfers wäre[3].

2. Nicht der Priester, sondern Christus ist es, der das
Opfer darbringt. Da Christus auch der Gegenstand des Opfers
ist, so folgt, dass es in jeder Beziehung Eigenthum Christi und
nicht des Priesters ist.

3. In der Consecration entsteht derselbe Leib, den Christus
auf Erden hatte. Dieser aber ist vom hl. Geiste aus Maria
der Jungfrau gebildet und kann deshalb auch in der Eucharistie nur vom hl. Geiste, nicht aber vom Priester hervorgebracht werden.

Dass der Priester nicht die Transsubstantiation bewirke,
folgert dann Paschasius ferner noch aus der Bitte des Priesters
um die Verwandlung[4] sowie aus der Opferung. Diese geschieht,

---

[1] De corp. 12, 1 und 2, Migne 120, 1311.

[2] De corp. 13, 1, Migne 120, 1315: Qui Verbo cuncta creavit, haec
Verbo una cum Spiritu sancto cooperatur, et ideo nihil dubitandum, ubi
Deus Trinitas iure opifex creditur.

[3] De corp. 12, 2, Migne 120, 1312: Sacerdos non ex se dicit, quod
ipse creator corporis et sanguinis esse possit, quia si hoc posset, quod
absurdum est, creator creatoris fieret.

[4] Die folgende Stelle, welche sich unmittelbar an die eben citirten
Worte anschliesst, setzen wir hauptsächlich her wegen der Erklärungen,

wie das Gebet des Priesters besagt, im Namen des Priesters und der ganzen Gemeinde. Anders die Wandlung; sie geschieht durch das Wort und die Kraft des hl. Geistes[1].

Aber, könnte man fragen, liegt nicht vielleicht in der Unwürdigkeit des Priesters ein Hinderniss, dass die Wandlung eintrete, könnte es nicht sein, dass man wegen der Unwürdigkeit des Priesters weniger Gnaden empfinge, das Sacrament also eine Verschlechterung erlitten hätte? Paschasius antwortet mit Nein und gibt folgende Gründe an:

1. Gott könnte vielleicht die Verdienste des Priesters berücksichtigen, wenn er für sich allein das Opfer darbrächte. Er bringt es aber für die Gemeinde dar, indem er an Christi Statt der sichtbare Mittler ist zwischen Gott und dem Volke[2].

2. Weil Christi Fleisch und Blut jeder Verunreinigung unzugänglich ist, so bleibt die Gabe, welche der Priester darbringt, stets rein, mag auch der Priester selbst mit dem Aussatze der Sünde behaftet sein[3].

3. Der Priester opfert nicht als Privatperson, sondern kraft seines priesterlichen Amtes. Mag er selbst auch ein Sünder sein, sein Amt bleibt doch heilig. Denn er hat es von Christus; es ist der Ausfluss des Hohenpriesterthums Christi, das durch keines Menschen Zuthun beeinträchtigt werden kann. So kann

---

welche Paschasius zu den dunkeln und in so verschiedener Weise gedeuteten Worten benedictam, ascriptam etc. gibt: Sed obsecrat per Filium Patrem, per quem ad eum accessum habemus. Rogamus autem hanc oblationem benedictam, per quam nos benedicamur; ascriptam, per quam nos omnes in coelo conscribamur; ratam, per quam in visceribus Christi censeamur; rationabilem, per quam a bestiali sensu exuamur acceptabilemque facere dignetur: quatenus et nos per hoc quia nobis displicuimus, acceptabiles in eius unico Filio simus; ut nobis, inquit, fiat corpus et sanguis dilectissimi Filii tui Domini nostri Iesu Christi (De corp. 12, 2, Migne 120, 1312).

[1] De corp. 12, 3, Migne 120, 1312.

[2] De corp. l. c.: Sacerdos vices Christi visibili specie inter Deum et populum agere videtur . . . . Non unius est quod pro multis offertur et multorum precibus confirmatur . . . . Si pro se tantum esset, eius merita Deus forsitan attenderet.

[3] De corp. 12, 3, Migne 120, 1313: Licet leprosus sit, qui offert, munda sunt quae hauriuntur, quia caro et sanguis Salvatoris nullius immunditia sordidatur.

auch ein Unwürdiger das Sacrament spenden, wofern er nur
durch die Weihe mit den Aposteln in Verbindung steht, und
die Gnade hängt nicht vom Priester, sondern von seinem, von
Christus ausgehenden, Amte ab[1]. Dieses Amt, diese in der
Priesterweihe erhaltene Gewalt zu consecriren ist unverlierbar.
Wie deshalb die einmal Getauften nicht wieder getauft werden,
so werden auch die einmal Ordinirten nicht wieder ordinirt,
wenn sie nach ihrem Abfalle zur Kirche zurückkehren.

Hieraus zieht nun Paschasius die nachstehenden Folgerungen:

1. Die Person des Priesters und seine sittlichen Eigenschaften[2] sind nicht zu beachten, sondern nur das, was er gibt;
nicht, wer die Gewalt zu consecriren hat, sondern was für eine
Gewalt er hat[3]; denn wie nach dem Zeugnisse Christi in seinem
Namen auch von den Anhängern des Teufels die Teufel aus-
getrieben und viele wunderbare Werke verrichtet werden, so
wird auch von den bösen Priestern im Sacramente durch die
Kraft Christi Christi Fleisch und Blut hervorgebracht.

2. Die von Unwürdigen gespendeten Sacramente sind gültig,
weil, wenn sie auch selbst den hl. Geist nicht haben, Gott
durch sie denselben verleiht und weil sie consecriren kraft
ihres Amtes[4].

---

[1] De corp. l. c. Ex officio ergo sacerdotis ista et non ex merito
praestantur. Idcirco licet reus sit, officium ministerii sacrum est et
gradus sacerdotii a summo pontifice Christo compensatur, ut nihil minus
carnis et sanguinis habeat hoc mysterium a quovis indigno, tamen apo-
stolicae propaginis consecratio exhibeatur. Sacramentum enim consecrandi est quod habet is qui ordinatur, quia non ex eo, sed ex officio
et a summo pontifice gratia quam ipsa Veritas repromisit impletur, ut
in nullo sacerdotium eius et pontificatus officium alicuius merito mino-
retur etc.

[2] Die excommunicirten Priester nimmt jedoch Paschasius aus: dum
falce evangelica necdum praecisi sacrificant (De corp. l. c.).

[3] De corp. l. c.: Non cogitandum qui et quales sint, sed quid dent
vel quid accipiat is qui cum fide communicatur neque quis habeat virtutem consecrandi, sed quid habeat.

[4] De corp. 12, 3, Migne 120, 1314: Idcirco valent (nämlich die Sacramente, von denen vorher mehrere aufgezählt sind) etiam et per homi-
cidas, eo quod etsi non habeant Spiritum sanctum, Deus est qui dat per
ministerium eorum eundem Spiritum sanctum et consecrat ex officio
munus largitatis suae.

3. Wir müssen auch die von einem unwürdigen Priester gespendeten Sacramente als Gottes Gaben anerkennen und ehren. Denn wie die Werthgegenstände des Mannes, welche das ehebrecherische Weib zur Sünde missbraucht, durch den Missbrauch ihren Werth nicht verlieren, auch nicht in den Besitz des Weibes übergehen, so können auch die Sacramente weder Eigenthum des Priesters noch auch verschlechtert werden[1].

4. Das Sacrament der Gnade gibt Gott auch durch schlechte Priester, die Gnade selbst aber nur durch sich selbst[2].

VII.

Die Form der Eucharistie.

Christi Fleisch und Blut, so hat uns Paschasius bislang gelehrt, wird gegenwärtig durch Transsubstantiation. Diese bewirkt Gott durch den Priester, der durch die Weihe die Consecrationsgewalt erhalten hat. Es entsteht die weitere Frage: Wann tritt die Wandlung ein, welches ist der eucharistische Consecrationsmoment oder, um die Frage mehr der Ausdrucksweise des Paschasius anzupassen: durch welche Worte wird das Sacrament bereitet, die Wandlung bewirkt? Dass dieses alles mit der Frage nach der Form der Eucharistie identisch sei, liegt auf der Hand.

Bei Beantwortung dieser Frage geht Paschasius von einem Gedanken aus, den wir schon oft bei ihm angetroffen haben, von dem Gedanken nämlich, dass die Consecration, weil schöpferischer Act, nur das Werk Gottes des Schöpfers sein könne. Ist sie aber das Werk Gottes, so kann sie nicht durch menschliche, sondern nur durch göttliche Worte bewirkt werden und zwar durch Worte Christi[3]. Danach können weder die Gebete und Gesänge des Priesters und des Volkes, noch auch die Worte der Evangelisten, welche der Priester vor den Worten Christi

---

[1] De corp. 12, 4, Migne 120, 1314.

[2] De corp. 12, 4, Migne 120, 1315: Sacramentum gratiae dat Deus etiam per malos, ipsam vero gratiam nonnisi per seipsum.

[3] De corp. 15, 1, Migne 120, 1322: Propterea veniendum est ad verba Christi, quod in eiusdem verbis ista conficiuntur.

referirt, die Consecration bewirken. Christi Worte müssen es sein,
und es sind für die Consecration des Brodes die Worte: Accipite
et manducate ex hoc omnes, hoc est enim corpus meum[1], für
die des Kelches die Worte: Accipite et bibite ex hoc omnes,
hic est enim calix sanguinis mei, novi et aeterni testamenti[2].
Wie aber können diese Worte Christi noch heute immerfort die Wandlung bewirken? Quia aeterna sunt, sagt Paschasius. Es sind Christi Worte, als solche sind sie göttliche Worte,
sind daher wirksam, sind ewig, sie gehen nicht wie Menschen-
worte vorüber; es bleibt ihnen also dieselbe Kraft, die sie einmal hatten, und sind deshalb auch heute noch wirksam[3].

Dass dem so sei und dass die Worte Christi nicht nur in
jener Nacht und bei jenem Brode die Consecration bewirkten,
sondern auch heute noch, hat der Herr selbst ausgesprochen
in dem Zusatze: Thuet dieses zu meinem Andenken! Was immer
also auch die Apostel von ihm empfangen haben mögen, wir
empfangen ganz dasselbe. Was das aber sei, sagt Christus mit
den Worten: Dieses ist mein Leib, der für euch dahingegeben
werden wird. Da nun Christus den Befehl hinzufügte, sein
Beispiel nachzuahmen, so ist klar, dass dieselbe Wirkung wie
damals auch heute noch stets eintreten muss, so oft nach katho-
lischem Ritus das geschieht, was einst Christus that[4].

---

[1] De corp. l. c.: Ecce usque ad istum locum verba sunt evangeli-
starum; porro deinceps verba sunt Dei potestate et omni efficientia plena:
Accipite et manducate ex hoc omnes, hoc est enim corpus meum.

[2] De corp. 15, 2, Migne 120, 1323: Et ideo hic (sc. Christus) solus
est qui frangit hunc panem et per manus ministrorum distribuit credentibus dicens: Accipite et bibite ex hoc omnes, tam ministri quam et
reliqui credentes: Hic est calix sanguinis mei, novi et aeterni testamenti.
In hoc quippe verbo sanguis efficitur, quod ante vinum et aqua fuerat.
Augenscheinlich hat Paschasius die Stelle nicht so geschrieben, wie wir
sie jetzt haben, da er im ersten Theile des Satzes vom Brode spricht,
im zweiten die Consecrationsformel für den Wein anführt. Es scheint
etwas ausgefallen zu sein. So viel lässt die Stelle aber bei aller Cor-
ruption doch mit Sicherheit erkennen, dass Paschasius in den angeführten
Worten Christi die Form für die zweite Consecration sieht.

[3] De corp. 15, 1, Migne 120, 1322: Verba Christi sicut divina sunt, ita
efficacia, ut nihil aliud proveniat quam quod iubent, quia aeterna sunt.
Coelum, inquit, et terra transibunt, verba autem mea non transibunt etc.

[4] De corp. l. c.

VIII.

Die Existenzweise Christi in der Eucharistie.

Wir haben es an dieser Stelle einzig und allein mit der
Ansicht des Paschasius Radbertus über die Existenzweise
Christi im Altarssacramente zu thun. Ohne uns deshalb auf
abweichende oder zustimmende Meinungen gleichzeitiger Schriftsteller einzulassen, bemerken wir nur, dass gerade die Frage
über die Existenzweise Christi im Altarssacramente den Schwer-
punkt der eucharistischen Controverse des 9. Jahrhunderts bildet,
nicht aber die reale Präsenz; denn diese nahmen alle an, den
einen Scotus Erigena höchstens ausgenommen, obwohl man auch
diesen durchaus noch nicht mit unumstösslicher Gewissheit als
einen Läugner der realen Präsenz hinstellen kann [1].

Die Ausdrücke: verum corpus verusque sanguis sei in der
Eucharistie zugegen, Christi Leib sei dort vere, veraciter, secundum veritatem, in veritate etc. zeigen allerdings deutlich,
dass Paschasius lehrte, es sei der wahre Leib Christi im Altarssacramente gegenwärtig, geben uns aber noch keinen Aufschluss
darüber, wie sich Paschasius das Wie der Präsenz oder, was
dasselbe ist, wie er sich die Natur des eucharistischen Leibes
Christi dachte: ob in grobsinnlicher, kapharnaitischer Weise
oder nicht. Denn jene Ausdrücke können an sich sowohl von
nicht-sinnlicher, nicht-sichtbarer als auch von sinnlicher, sichtbarer, handgreiflicher Realität gebraucht werden [2].

Es ist nicht zu läugnen, dass Paschasius, besonders in
seinen Wundererzählungen, Worte und Ausdrücke gebraucht,
welche den Verdacht erwecken, als habe er sich den eucharistischen Leib Christi in grobsinnlicher Weise gedacht und die
Eucharistie auch ihrer äusseren Erscheinungsform nach für den
Leib Christi gehalten [3]. Noch mehr könnten wir in dieser

---

[1] Vgl. Schnitzler, Berengar von Tours, S. 180 ff.

[2] Vgl. Bach, Dogmengeschichte des Mittelalters, I. Theil, S. 174 f.

[3] So z. B. wenn er von der offa, particula Dominici corporis spricht
(De corp. 14, 3, Migne 120, 1317) und wenn er De corp. 14, 4, Migne
120, 1318 f. durch ein Wunder, dessen Einzelheiten der kapharnaitischen
Auffassung nur günstig sein können, einen Greis von seinem Irrthum,
non esse naturale corpus Christi panem istum quem sumimus, geheilt

Auffassung bestärkt werden durch seine scharfe Betonung der Identität des eucharistischen und des natürlichen Leibes Christi. Gleich im ersten Kapitel erklärt er mit Berufung auf Ambrosius, es sei in der Eucharistie non alia plane caro quam quae nata est de Maria etc. Ambrosius hat, wie schon bemerkt wurde, das plane nicht. Dass man jene Worte im kapharnaitischen Sinne auffassen könne, unterliegt keinem Zweifel. Wir können auch nicht sagen, dass Paschasius sich nie wieder so stark ausgedrückt habe. Das plane gebraucht er allerdings nur dieses eine Mal. Dafür hat er aber an anderen Stellen Ausdrücke, welche dasselbe in ebenso schroffer Weise besagen; so wenn er bemerkt: Ut vera sit caro atque ipsa et non aliud quam ipsa caro[1], una eademque[2], ipsa eademque caro, quae nata est de Maria Virgine[3].

Diesen Aussprüchen des Paschasius, die für eine grobsinnliche Auffassung zu sprechen scheinen, steht nun aber eine weit grössere Anzahl solcher Stellen gegenüber, in denen die geistige Auffassung entschieden betont und die kapharnaitische ausdrücklich verworfen wird.

Paschasius spricht von der Pflicht, sich über das Altarssacrament zu unterrichten und warnt eindringlich vor einer fleischlichen Auffassung der Eucharistie. Anknüpfend an die Vorschrift des A. B., dass derjenige, welcher aus Unwissenheit dem Verbote zuwider von den Opfergaben gegessen, als Sühne den 5. Theil samt dem Gegessenen geben solle, erklärt er: Diligenter intellegere et spiritualia sacramenta palato mentis et gustu fidei digne accipere quasi legaliter quintam partem ad ea, quae prius per ignorantiam comederat, superaddere est, dum

---

werden lässt (vgl. dazu Bach, Dogmengeschichte l. c. S. 168 f.). Vgl. De corp. 19, 1, Migne 120, 1327: Caro frangitur und De corp. 19, 3, Migne 120, 1328: Coipus frangitur. Uebrigens kommen derartige Ausdrücke auch noch heute in unsern liturgischen Büchern vor. So heisst es z. B. in den Generalrubriken des Missale Romanum Tit. X. De Defectibus n. 11: Si in hieme sanguis congeletur in calice.

[1] Ep. ad Frud. (Sent. Cath. Patr.), Migne 120, 1361.
[2] Ep. ad Frud. (Sent. Cath. Patr.), Migne 120, 1362.
[3] Ep. ad Frud. (Sent. Cath. Patr.), Migne 120, 1363. Vgl. De corp. 21, 9, Migne 120, 1340.

divina intelligibiliter interior homo noster per gratiam Christi excipit[1].

Die Zahl Fünf wendet er dann auf die fünf Sinne an, die wir auf den inneren, nur dem Verstande zugänglichen Inhalt des Sacramentes richten und vergeistigen sollen[2]. Wenn wir hiernach trachten, so wird die Gnade des hl. Geistes uns zu einer vollständig geistigen Auffassung verhelfen, so dass wir im Sacramente nur Göttliches und Himmlisches sehen[3], nichts Irdisches oder Gemeines dort vermuthen, sondern Mystisches und Geistiges schmecken[4].

Wir sehen, so allgemein die Ausdrücke auch sein mögen, Paschasius verlangt eine geistige Auffassung und verwirft die grobsinnliche, die fleischliche. Gegenüber den kapharnaitischen Ansichten, die damals vielfach herrschten[5], ist er hierin bis an sein Lebensende sich consequent geblieben. Im Briefe an Frudegard erklärt er, diejenigen dächten nicht recht von diesem Geheimnisse, welche fleischlich darüber dächten. Da es spiritualia sacramenta seien, so könne es der fleischlich gesinnte Mensch allerdings nicht fassen[6]. Paschasius rühmt sich, mehrere zum

---

[1] De corp. 2, 2, Migne 120, 1273. Zu spiritualia sacramenta und divina vgl. auch De corp. 3, 4, Migne 120, 1277: Spiritualia sunt; De corp. 6, 2, Migne 120, 1283: Quia (sc. sacramentum) divinum ac spiritale est. Zu palato mentis et gustu fidei vgl. Ep. ad Frud., Migne 120, 1253: Ex parte praegustamus non palato oris, sed palato cordis.

[2] De corp. 2, 2, Migne 120, 1274: Si quinque sensus corporis intus ad intellegibilia spiritaliter convertantur.

[3] De corp. 1. c.: Ut nihil in eis nisi divina sentiantur nihilque nisi coelestia.

[4] De corp. 1. c.: Neque utique sicut terrenum aliquid aut vile ibidem suspicari, sed mystica et spiritualia in his sapere. Vgl. De corp. 5, 2, Migne 120, 1281: Nos autem dum nihil carnale in eo sapimus, imo spiritale totum spiritaliter intellegentes in Christo manemus. De corp. 10, 1, Migne 120, 1305: Quatenus totum spiritaliter intellegere mens satageret, ubi nihil carnale sentire licet. De corp. 20, 1, Migne 120, 1330: Spiritaliter haec accipienda sunt et non carnaliter.

[5] Vgl. Bach, l. c. S. 166 ff.

[6] Ep. ad Frud., Migne 120, 1356: Non recte sapiunt, quicunque carnaliter de hoc mysterio sapiunt. Sane quia spiritalia sunt in eo sacramento, a quibus animalis quisque homo ieiunat, eo quod intellectu spiritali non sapit, neque vult credere quae non intellegit.

richtigen Verständnisse dieses Sacramentes gebracht zu haben,
indem diese gelernt hätten, würdig von Christus zu denken,
dass nämlich dessen Leib, weil er ein geistiger sei, nicht ver-
nichtet werden könne, und dass alles, was im Sacramente vor
sich gehe, geistig sei[1].

Weiteres Licht bringen in die Frage, wie sich Paschasius
die Gegenwart Christi im Altarssacramente gedacht habe, seine
Erörterungen über die Unterscheidung von Bild und Wahrheit
in der Eucharistie und seine Verwandlungslehre. Wir können
uns hier kurz fassen und auf die früher gegebene Darstellung
dieser beiden Punkte der paschasianischen Lehre und die ein-
schlägigen dort angeführten Stellen verweisen. Paschasius betont, dass Christi wahres Fleisch und Blut in der Eucharistie
zugegen sei, fügt aber bei: mystice[2]. Mystice bildet offenbar
nicht den Gegensatz von wirklich, so dass es identisch wäre
mit figürlich, bildlich, symbolisch; dem widerspricht schon
das vorausgegangene veram carnem et verum sanguinem. Der
Gegensatz von mystice ist vielmehr sinnlich, äusserlich sichtbar. Paschasius behauptet demnach die wirkliche Gegenwart
des Leibes Christi, läugnet aber auch zugleich, dass diese Präsenz
für die Sinne wahrnehmbar sei. Die an das Wort mystice sich
anschliessende Erörterung über die Verbindung von Bild und
Wahrheit in der Eucharistie bildet für diese Annahme einen
weitern Beleg. Was am Altarssacramente den Sinnen wahrnehmbar ist, ist Bild; es ist nicht der Leib Christi, sondern
nur die sichtbare Erscheinung der unsichtbaren Substanz des
Leibes Christi, der in Wirklichkeit zugegen ist, aber nur durch

---

[1] Ep. ad Frud. l. c.: Ad intellegentiam huius mysterii plures ut
audio commovi, ut sciant et intellegant digne cogitare de Christo, cuius
dum corpus non corrumpitur, quia spiritale est et totum spiritale est
quod celebratur in hoc sacramento etc. Hieraus ist ersichtlich, in wie-
weit der auf diese Stelle gegründete Einwand, als habe Paschasius eine
neue Lehre (reale Präsenz und Transsubstantiation) aufgebracht (vgl.
Mabill., Acta SS. Ord. S. Bened. Saec. IV. P. II., Dissert. de controv.
euch. saec. IX. n. 36 ff.) stichhaltig ist. Die bessere intellegentia bezog
sich nicht auf die reale Präsenz, sondern auf das Wie der Präsenz.

[2] De corp. 4, 1, Migne 120, 1278: Ubi profecto (nämlich Christus
bei Joh. 6, 54: Nisi manducaveritis etc.) non aliam quam veram carnem
dicit et verum sanguinem, licet mystice.

die sichtbaren Gestalten des Brodes und Weines in die äussere
Erscheinung tritt. Nur die Gestalten werden gesehen, nicht
aber der Leib Christi selbst[1]. — Die Verwandlung ferner vollzieht sich nach Paschasius nicht in sinnlicher, sichtbarer Weise;
im Gegentheil, das Wunder der Consecration ist ein unsichtbares, verborgenes, für die Sinne nicht erkennbares. Die Accidentien des Brodes und Weines bleiben; für die Sinne tritt
keine Veränderung ein: Ausdrücke, welche einer roh-sinnlichen
Auffassung durchaus nicht das Wort reden.

Endlich kommen hier in Betracht jene Stellen, in welchen
Paschasius über die Art und Weise des Genusses der Eucharistie spricht. Wiederholt wird der fleischliche Genuss in Gegensatz gestellt zu dem geistigen und ersterer ausdrücklich verneint[2]. Wie ferner Christi Fleisch und Blut nicht in leiblicher
Weise empfangen werden, so nähren sie auch nicht in leiblicher Weise. Spiritaliter wird durch sie der Mensch genährt[3],
spiritaliter der Leib des Menschen durch den Leib Christi[4].
Ebenso ist Christi Fleisch und Blut auch nicht den Folgen der

---

[1] Ep. ad Frud. (Sent. Cath. Patr.) Migne 120, 1361: Non videtur
haec caro.

[2] De corp. 11, 3, Migne 120, 1310: Non carnaliter ista percipiuntur,
sed spiritaliter. De corp. 13, 2, Migne 120, 1316: Non carnaliter, sed
spiritaliter degustare. De corp. 16, Migne 120, 1324: Non sapore carnis,
sed spirituali dulcedine degustantur. De corp. 10, 1, Migne 120, 1305:
Spiritaliter sanguis potatur in mysterio. Vgl. auch oben: Non palato
oris, sed palato cordis und die übrigen auf den Genuss sich beziehenden
Stellen, die schon früher angeführt sind. — Uebrigens ist Paschasius,
trotzdem er so sehr den geistigen Genuss betont, doch weit entfernt,
den wirklichen Genuss des Leibes Christi zu läugnen, wie sich aus seiner
Lehre von der realen Präsenz von selbst ergibt. Vgl. dazu auch L. IV.
in Matth., Migne 120, 293, wo er bei Erklärung der Worte: Panem
nostrum supersubstantialem da nobis hodie die sacramentale und die
sogen. geistliche Communion unterscheidet: Vescimur autem et spiritalem
escam quotidie, dum aut in sacramento carnem eius vel sanguinem as-
sumimus; aut solummodo in mente, ipsum amando, credendo, sperando
interius ruminamus.

[3] De corp. 19, 4, Migne 120, 1328: Quatenus . . . . . alantur spiritaliter renati per haec ad perpetuam vitam. De corp. 19, 5, Migne 120,
1329: Nisi duobus istis ad immortalitatem spiritualiter nutriatur (sc. homo).

[4] De corp. 11, 2, Migne 120, 1309: Caro quidem carne pascitur
spiritaliter.

Verdauung unterworfen[1]. Der Grund ist, weil sie sind spiritalis esca et potus[2]. Christi Fleisch und Blut ist also nicht in körperlicher, materieller Weise zugegen. Aber wie ist die Natur des eucharistischen Leibes zu fassen? Was wir bislang gehört haben, beantwortet diese Frage nur im allgemeinen und mehr in negativer Weise, sagt uns nur, dass wir an keine sinnlich-materielle Gegenwart denken dürfen; näheres über das Wie dieser nicht-sinnlich-materiellen Präsenz erfahren wir noch nicht. Wie präcisirt nun Paschasius diese? Gewiss ist, dass nach ihm der verklärte Leib Christi in der Eucharistie zugegen ist[3]. Allein da er sich niemals darüber erklärt, wie man sich den verklärten Leib Christi vorzustellen habe, so kann dieses unsere Frage noch nicht definitiv entscheiden.

Dagegen finden wir eine nähere Bestimmung der Natur des eucharistischen Leibes im 8. Kapitel des Buches De corp. et sanguine Domini. Paschasius spricht dort von der Bosheit der unwürdigen Communion und findet diese unter andern auch darin, dass der unwürdig Communicirende nicht erkenne, dass der Leib Christi nur aus der Hand Christi und von dem erhabenen Altare, wo Christus der höchste Priester sei, empfangen werde. Er beruft sich hierfür auf das Gebet der Kirche: Jube haec perferri per manus sancti angeli tui in sublime altare tuum in conspectu divinae maiestatis tuae, und macht sich dann folgenden Einwand: Wie kann der Leib Christi in den Himmel emporgehoben werden, da doch das Sacrament, mag man es Brod oder Fleisch nennen, immerfort sichtbar in der Hand des Priesters bleibt? In der Antwort, in welcher er zu dem schliess-

---

[1] De corp. 20, 3, Migne 120, 1331: Frivolum est . . . . . in hoc mysterio cogitare de stercore etc.

[2] De corp. l. c.

[3] De corp. 5, 1, Migne 120, 1280: Facta est eucharistia ex resurrectione caro Christi. De corp. 18, Migne 120, 1326: Qualis ille resurrexit, talia sunt et haec semina immortalitatis. Hierher gehört auch Ep. ad Frud. (in Matth. 26, 26), Migne 120, 1357 f., wo Paschasius unter Berufung auf den verklärten Zustand Christi bei seiner Himmelfahrt sich dagegen verwahrt, als wolle er aus dem Leibe Christi Theile machen und die zerlegten und zerschnittenen Glieder desselben an die einzelnen Gläubigen austheilen.

lichen Resultate kommt, dass unter dem himmlischen Altare der
Leib Christi selbst zu verstehen sei[1], betont er zunächst den
geheimnissvollen Charakter der Eucharistie. „Wenn alles sichtbar geschähe, so wäre in ihr kein Mysterium, kein Glaube,
keine geistige Kraft, nichts anderes, als was sich den Augen
und dem Geschmacke darbietet. Nun aber wirkt die göttliche
Kraft innerlich auf ganz andere Weise, weil wir im Glauben
wandeln und nicht im Schauen."[2] „Lerne deshalb, o Mensch,"
fährt er später fort, „etwas anderes (in diesem Brode) verkosten,
als was dein fleischlicher Gaumen schmeckt, etwas anderes sehen,
als was deinem fleischlichen Auge sich zeigt. Lerne, dass Gott
als Geist, ohne im Raume zu sein, überall zugegen ist. Merke,
dass diese geistigen Dinge (d. h. Christi Fleisch und Blut) ebensowenig räumlich wie fleischlich vor das Angesicht der göttlichen Majestät emporgehoben werden. Bedenke nun, ob irgend
etwas Körperliches erhabener sein kann, indem die Substanz
des Brodes und Weines in Christi Fleisch und Blut auf wirk-
same Weise innerlich verwandelt wird, so dass fortan nach der
Consecration es schon als das wirkliche Fleisch und Blut Christi
wahrhaftig geglaubt und von den Gläubigen für nichts anderes
als Christus, das Brod vom Himmel, gehalten wird[3].

In ähnlicher Weise erklärt sich Paschasius auch an andern
Stellen. Er spricht von den Vorbildern des A. B. und bezieht
die Worte: Panem angelorum manducavit homo (Ps. 77, 25)

---

[1] De corp. 8, 2, Migne 120, 1287 f.: Putasne aliud esse altare, ubi
Christus pontifex assistit quam corpus suum etc.

[2] De corp. 8, 2, Migne 120, 1287: Si enim totum visibile fieret,
nullum in eo mysterium, nulla fides, nulla vis spiritalis, nulla alia res
quam quae oculis et gustui subjaceret. Nunc autem longe aliter virtus
divina interius operatur, quia per fidem ambulamus et non per speciem.

[3] De corp. l. c.: Unde, homo, disce aliud gustare quam quod ore
carnis sentitur; aliud videre quam oculis istis carneis monstratur. Disce
quia Deus spiritus illocaliter ubique est. Intellige quia spiritualia haec
sicut nec localiter, sic utique nec carnaliter ante conspectum divinae
majestatis in sublime feruntur. Cogita igitur si quippiam corporeum
potest esse sublimius, cum substantia panis et vini in Christi carnem
et sanguinem efficaciter interius commutatur; ita ut deinceps post consecrationem iam vera Christi caro et sanguis veraciter credatur et non
aliud quam Christus panis de coelo a credentibus aestimetur.

nicht so sehr auf das Manna, weil dieses als körperliche Speise für die Engel nicht passte, als vielmehr auf die Eucharistie, welche durch das Manna vorgebildet wurde. „Christus", so führt er fort, „ist die Speise der Engel, und dieses Sacrament ist sein wahres Fleisch und Blut, welches der Mensch geistiger Weise isst und trinkt. Wovon also die Engel leben, davon lebt auch der Mensch, da ja, was der Mensch (in der Eucharistie) empfängt, alles geistig und göttlich ist."[1] Später erwähnt er noch einmal den geistigen Genuss und gebraucht den Ausdruck spiritalis Christi caro[2]. Aehnlich spricht er auch im Briefe an Frudegard von spiritale corpus[3]. Und an einer andern Stelle, die noch hierher gehört, erklärt er: „Das fürwahr nähren Christi Fleisch und Blut in uns, was aus Gott geboren ist und nicht das, was vom Fleische und Blute stammt . . . . . Diese unsere Geburt also, die aus Gott ist, ist jedenfalls geistig, weil Gott ein Geist ist; und darum sind diese Geheimnisse nicht als fleischlich, obwohl sie Fleisch und Blut sind, sondern als geistig mit Recht zu fassen[4].

Versuchen wir es nun, auf Grund dieser Stellen die Ansicht des Abtes von Korvey über die Existenzweise Christi im Altarssacramente festzustellen. Wir müssen uns freilich von

---

[1] De corp. 5, 1, Migne 120, 1280: Alioquin esca illa, licet de coelo venerit, et potus, quia corporeus erat, angelis non congruebat, sed utique ille panis et potus, qui per haec praesagabatur. Christus ergo cibus est angelorum, et sacramentum hoc vera caro ipsius et sanguis, quae spiritaliter manducat et bibit homo. Ac per hoc unde vivunt angeli, vivit et homo, quia totum spiritale est et divinum quod percipit homo.

[2] De corp. 5, 3, Migne 120, 1281: Bibimus quoque et nos spiritaliter ac comedimus spiritalem (eine andere Lesart hat freilich spiritaliter) Christi carnem, in qua vita aeterna esse creditur; alioquin sapere secundum carnem mors est et tamen veram Christi carnem spiritaliter percipere vita aeterna est.

[3] Ep. ad Frud., Migne 120, 1356: Cuius corpus non corrumpitur quia spiritale est.

[4] De corp. 20, 2, Migne 120, 1330: Hoc sane nutriunt (sc. caro et sanguis Christi) in nobis quod ex Deo natum est et non quod ex carne et sanguine . . . . . Illa ergo nativitas nostra, quae ex Deo est, utique spiritalis est, quia Deus spiritus est, et ideo haec mysteria non carnalia, licet caro et sanguis sint, sed spiritalia iure intelliguntur.

vornherein selbst sagen, dass wir bei einem Manne, der zu
einer Zeit schrieb, wo die christliche Speculation erst begann, mit der Natur des eucharistischen Leibes sich näher
zu beschäftigen, eine nach allen Seiten ausgebildete und ausgesprochene Anschauung über diese schwierige Frage nicht erwarten dürfen.

Was sich, ohne in die Worte unseres Schriftstellers mehr
hineinzulegen, als sie besagen, mit Sicherheit feststellen lässt,
ist folgendes: Die Natur des eucharistischen Leibes ist eine
geistige, aber nicht eine rein geistige im conträren Gegensatze
zum Körperlichen. Denn so sehr Paschasius auch stets diese
geistige Natur betont und sie in Gegensatz zum Körperlichen
stellt (vgl. oben den Gegensatz von Manna als körperlicher Speise
zur Eucharistie als geistiger Speise), so unterlässt er es doch
nicht, darauf aufmerksam zu machen, dass das in der Eucharistie Enthaltene in Wahrheit Leib und Blut seien (licet corpus
et sanguis sint). Dieser Leib ist nicht zugegen carnaliter d. h.
in seiner natürlichen, sinnlich wahrnehmbaren Gestalt, auch
nicht localiter d. h. den gewöhnlichen Raumgesetzen unterworfen. Er ist also weder ein reiner Geist noch ein empi-
rischer Körper. Vielmehr hat er mit beiden etwas gemein:
mit dem rein Körperlichen, dass er eben eine körperliche
Substanz ist; mit dem rein Geistigen, dass er, wie die geistigen
Substanzen, nicht den gewöhnlichen Raumbestimmungen unterworfen ist. Hierauf beruht dann die Benennung caro spiritalis,
corpus spirituale[1].

Anmerkung. Von andern Fragen, die an dieser Stelle
in der Dogmatik noch besprochen zu werden pflegen, findet
sich nur die eine ausdrücklich beantwortet, ob nämlich mit
dem Fleische auch zugleich die Gottheit Christi zugegen sei
und empfangen werde, und zwar in bejahendem Sinne[2]. Ueber
die Frage dagegen, ob unter jeder einzelnen Gestalt und unter

---

[1] Vgl. Bach, Dogmengeschichte l. c. S. 176 f.

[2] De corp. 17, Migne 120, 1325: Non enim recte caro Christi sine
divinitate sumitur nec divinitas sine carne praestatur. Vgl. De corp. 10, 1,
Migne 120, 1305.

5*

jedem Theile der Gestalten der ganze Christus zugegen sei, hat
sich Paschasius nicht klar ausgesprochen. Manche Ausdrücke
scheinen sie zu bejahen, manche zu verneinen[1].

IX.

Der Empfänger der Eucharistie.

Es handelt sich hier um die beiden Fragen: Wer darf
nach Paschasius die hl. Communion empfangen und wer muss
sie empfangen? oder mit andern Worten um die Bedingungen
zum würdigen Empfange der Eucharistie und um die Nothwendigkeit ihres Empfanges.

1. Die Bedingungen zum würdigen Empfange der Eucharistie.

Als nothwendige Erfordernisse zum würdigen Empfange
des Altarssacramentes bezeichnet Paschasius eine möglichst genaue Kenntniss dieses Geheimnisses (man muss den Leib des
Herrn unterscheiden) und den Stand der Gnade (man muss frei
sein von schwerer Sünde)[2]. Dazu kommt dann noch als Erforderniss von Seiten des Körpers vollständige Nüchternheit.

I. Wenn Paschasius eine möglichst genaue Kenntniss der
Eucharistie verlangt, so ist er doch weit entfernt, die Begreif-
barkeit dieses Geheimnisses durch die Vernunft behaupten zu
wollen. Vielmehr erklärt er ausdrücklich: Das Geheimniss ist
unfassbar und unerklärbar; versucht die Vernunft, es natürlich

---

[1] Für die bejahende Ansicht spricht De corp. 17, wo er behauptet,
es komme bei diesem Mysterium nicht auf die grössere oder geringere
Quantität an. Vgl. übrigens Schnitzer, Berengar von Tours, S. 143,
Anmerkung 2.

[2] De corp. 6, 3, Migne 120, 1284: Hanc autem ultionem (voraus-
geht die Erzählung, wie ein Jude, der freventlich den Leib des Herrn
empfing, mit dem Verluste der Sprache und grossen Schmerzen im Munde
gestraft wurde) huic nostro opusculo ideo inseruimus, ne quis infidelis,
antequam corpus Domini diiudicet quid sit, aut mortali crimine reus,
priusquam Christo per poenitentiam seipsum probans in pace reconcilie-
tur, de hoc pane edere et de calice bibere temere ac negligenter prae-
sumat. Vgl. De corp. 6, 2, Migne 120, 1283.

zu erklären, so muss sie unterliegen. Die göttliche Macht
bringt eben hier eine Wirkung hervor, welche der Natur widerspricht und die Fassungskraft der menschlichen Vernunft über-
steigt. Nur der Glaube belehrt uns über dieses Geheimniss
(scientia in fide); in erster Linie sind wir deshalb gehalten, zu
glauben, zu glauben ohne jede Zweifelsucht; denn diese ist auch
bei sonst gutem Leben ein Hinderniss, dieses Sacrament zu erkennen. Der Unterricht, die Wissenschaft von diesem Geheimnisse muss sich demnach gründen auf die Lehre des Heiles und
hat nur den Zweck, unserm Glauben zu Hilfe zu kommen.
Es ist bei diesem Sacramente zu unterscheiden, was in ihm
Gegenstand des Glaubens und was Gegenstand des Wissens ist
(quid ad fidem quidve ad scientiam in eo pertineat). Glaube
und Wissenschaft müssen Hand in Hand gehen; denn ohne
Wissenschaft kann der Glaube an dieses Geheimniss nicht in
gebührender Weise vertheidigt werden, die Wissenschaft aber
bleibt unfruchtbar ohne den Glauben[1].

Es ist nun unsere strenge Pflicht, uns über dieses Geheimniss zu unterrichten, damit nicht, was zu unserer Heiligung
bestimmt ist, uns infolge unserer Unwissenheit zum Verderben
gereiche[2]. Wir müssen uns bekannt machen mit der Erhaben-
heit dieses Sacramentes und mit seinen Wirkungen; wir müssen
wissen, dass es sich von gewöhnlicher Speise unterscheide und
weit über jedem Opfer des A. B. stehe[3], dass es in Wahrheit
der Leib und das Blut Jesu Christi sei[4]. Zu vermeiden ist aber
eine fleischliche Auffassung dieses Geheimnisses[5].

II. Das zweite Erforderniss zum würdigen Empfange der
Eucharistie ist der Gnadenstand. Paschasius hat hierfür den
Ausdruck: in Christo, Glied am Leibe Christi sein, und Glied

---

[1] De corp. 1, 6, Migne 120, 1272. De corp. 2, 1, Migne 120, 1272 f.
De corp. 4, 3, Migne 120, 1279. Ep. ad Frud. (in Matth. 26, 26), Migne
120, 1358.
[2] De corp. 2, 2, Migne 120, 1273. De corp. 2, 3, Migne 120, 1275.
[3] De corp. 2, 1, Migne 120, 1273.
[4] De corp. 2, 2, Migne 120, 1273.
[5] De corp. l. c. und an andern Stellen, die wir schon bei Besprechung der Existenzweise Christi im Altarssacramente kennen gelernt haben.

am Leibe Christi ist ihm der Getaufte, der keine Todsünde auf
sich hat[1]. Ein solcher ist in Christus und Christus ist in ihm.
Wer dagegen mit schwerer Sünde behaftet ist, der ist nicht in
Christus und Christus ist nicht in ihm. Denn Christus ist das
Leben, er aber ist als Todsünder weit vom Leben entfernt.
Niemand kann deshalb das Fleisch Christi essen und sein Blut
trinken, der nicht schon vorher in Christus und in welchem
Christus nicht ist[2].

Wer im Stande der Sünde communicirt, empfängt zwar
den Leib und das Blut des Herrn[3], aber nicht zu seinem Heile:
er isst und trinkt sich nach dem Apostel das Gericht.

---

[1] De corp. 6, 1, Migne 120, 1282: Ille igitur in Christo manet, qui
renatus ex aqua et spiritu nullo mortali crimine reus tenetur. Aus dieser
Stelle geht hervor, dass Paschasius nur denen ein Recht auf den Empfang der Eucharistie zugesteht, welche durch die Taufe Glieder der
Kirche geworden sind, ein Gedanke, der übrigens den folgenden Ausführungen zu Grunde liegt und auch sonst verschiedentlich angedeutet
ist. — Paschasius unterscheidet (De corp. 7 per totum, Migne 120, 1284 f.)
einen dreifachen Leib Christi: den mystischen, den eucharistischen und
den historischen. Der mystische Leib empfängt den eucharistischen, in
welchen der historische verwandelt wird. Wer sich von dem mystischen
Leibe, welchen Christus als das Haupt und die electi als die Glieder
bilden, trennt und sich durch irgend eine schwere Sünde zum Gliede
Satans macht, verliert die Rechte der Glieder des mystischen Leibes
und damit auch das Recht auf den Genuss des eucharistischen Leibes,
weil er eines andern Glied geworden ist.

[2] De corp. 6, 1, Migne 120, 1282.

[3] De corp. 6, 2, Migne 120, 1282 enthält allerdings Wendungen,
welche die Vermuthung nahelegen könnten, als empfingen die Unwürdigen nach Paschasius den Leib Christi nicht. Dagegen liegt dem Satze:
Ecce quid manducat peccator et quid bibit, non utique sibi carnem utiliter et sanguinem, sed iudicium offenbar die entgegengesetzte Anschauung zu Grunde. Der weiter unten folgende Satz: Illi (dem indignus)
virtus sacramenti subtrahitur ist nicht beweisend, da unmittelbar vorher
virtus für den Leib selbst steht — nec si aliqua sit ultra virtus in eo
(nämlich in dem, was allen in gleicher Weise dargereicht wird) satis
ex fide sapit —, an andern Stellen aber virtus für die mit dem Genusse
verbundenen gnadenvollen Wirkungen gebraucht wird. So De corp. 8, 7,
Migne 120, 1292: Dum eum virtus sanguinis defenderit. De corp. 22, 3,
Migne 120, 1344: Quicunque indigne comederit, non virtutem carnis,
sed iudicium Dei sumit. Entscheidend ist De corp. 6, 3, Migne 120, 1283:
Immundo ore corpus suscepit Dominicum. Vgl. De corp. 22, 3, Migne

Ueber die unwürdige Communion, ihre Bosheit und ihre Folgen, verbreitet sich Paschasius weitläufig im 8. Kapitel seines Buches De corpore et sanguine Domini. Nichts, meint er, ist in diesem Leben gefährlicher als eine schwere Sünde zu begehen und so sich vom Leibe Christi zu trennen, nichts aber fluchwürdiger als vor der Bekehrung im Stande der Todsünde mit Judas dem Tische des Herrn sich zu nahen. Denn Christi Leib empfangen wir dort, empfangen ihn in Gegenwart der göttlichen Majestät, in Gegenwart der Engel, aus der Hand Christi selbst. Grösser als die früheren Sünden ist die Sünde des Sacrilegs, das der Unwürdige durch die hl. Communion begeht. Das zeigt das Beispiel des Judas. Dieser wurde früher, obwohl er bereits ein Sünder war, doch noch mit aller Güte und Liebe von Christus behandelt. Als er aber sich vermessen hatte, mit der Sünde im Herzen von dem Heiligen zu essen, da fuhr der Satan in ihn[1]. Schon im A. B. wurde die Entweihung der Opfer mit dem Tode bestraft; welche Strafe muss nicht denjenigen treffen, der es wagt, das Heilige des N. B. zu entweihen?[2] Heli sagte zu seinen Söhnen, welche die Opfer geschändet hatten: „Wenn ein Mensch wider den andern sündigt, so kann Gott ihm verzeihen; wenn aber ein Mensch wider den Herrn sündigt, wer soll für ihn bitten?" (I Reg. 2, 25). Welchen Fürbitter bei Gott wird nun derjenige finden, welcher, den Schöpfer der ganzen Creatur verachtend, unwürdig zum Leibe und Blute des Herrn hinzutritt?[3]

Nur in den unwürdigen Communionen, fährt mit Berufung auf I Cor. 11, 30 (imbecilles fiunt et dormiunt multi) Paschasius fort, kann man den Grund finden, dass Elend und Krankheiten unter den Christen so häufig sind. Unter den Israeliten, die aus Aegypten zogen und die Kirche vorbildeten, war kein einziger krank. Um wieviel mehr hätte das in der Kirche

---

120, 1345: Alioquin desidia torpentes et hic in saeculi actibus remorantes non digne comedunt Pascha, videlicet carnes Agni.

[1] De corp. 8, 5, Migne 120, 1289 f.
[2] De corp. 8, 3 f., Migne 120, 1288 f.
[3] De corp. 8, 5, Migne 120, 1290. Im folgenden wird im Anschluss an das Gesicht bei Ez. 9 noch des weiteren ausgeführt, wie schrecklich Gott die Verunehrung des Altarssacramentes strafe.

der Fall sein sollen! Der Baum des Lebens im Paradiese gab
jedem, der von ihm ass, Gesundheit des Leibes sowie Unsterblichkeit. Um wieviel mehr müsste derjenige, welcher von
diesem Sacramente empfängt, wenn auch nicht vor dem Tode
des Leibes, so doch vor dem Satan sicher sein, da ihn ja die
Kraft des Blutes beschützen müsste![1]

Man könnte nun einwenden: Wenn Krankheiten und Tod
Folgen der unwürdigen Communion sind, weshalb treten diese
Strafen nicht öffentlich ein, weshalb überhaupt diese Strafen,
da doch diejenigen viel schlimmer gestraft werden, welche Gott
nicht einmal einer Warnung für würdig hält?[2]

Darauf ist zu antworten: Treten die Strafen auch nicht
öffentlich ein, so ist doch kein Zweifel, dass der Würdige in
der Communion das Leben, der Unwürdige aber den Tod empfängt. Würden die Frevler öffentlich gestraft, so wäre für
die Zuschauer wohl Schrecken, aber nicht Glaube und Belehrung
die Folge. Andererseits soll durch die Strafen der Glaube der
Getauften geübt und befestigt und der Mensch mit den Vor-
schriften noch vertrauter gemacht werden[3]. Wenn nun auch
die göttliche Gerechtigkeit oft zaudert und uns Zeit zur Busse
lässt, so dürfen wir uns deshalb doch nicht in falsche Sicherheit einwiegen. Sonst trifft uns der Zorn Gottes nur um so
schlimmer. Dass die rächenden Engel nicht schon bei der
ersten unwürdigen Communion uns verderben, haben wir nur
der Güte Gottes zu verdanken, der das T auf unsere Stirn
macht, so dass das gezückte Schwert der Engel einhält und
wir vor plötzlichem Tode bewahrt bleiben[4].

III. Von Seiten des Körpers ist zum würdigen Empfange
der Eucharistie erforderlich vollständige Nüchternheit. Die
Apostel waren zwar nicht nüchtern, als sie zum ersten Male
das Altarssacrament empfingen. Indessen fand die Sitte, nüchtern
zu communiciren, bald in der ganzen Kirche Eingang. Denn

---

[1] De corp. 8, 6 f., Migne 120, 1292.
[2] De corp. 8, 7, Migne 120, 1292.
[3] De corp. l. c.: Quia fides renatorum exercenda et probanda nec-
non et doctrina praeceptorum homo erudiendus.
[4] De corp. 8, 8, Migne 120, 1393. Die Bilder sind gebraucht mit
Bezug auf das vorher auf die Eucharistie angewandte Gesicht bei Ez. 9.

so gefiel es dem hl. Geiste durch die Apostel, dass einem so grossen Geheimnisse zu Ehren der Leib und das Blut Christi nüchtern empfangen werde vor jeder andern Speise[1]. Die Gründe des Paschasius für den Empfang der hl. Communion in der Nüchternheit sind folgende:

1. Infolge der Nüchternheit schweigen die fleischlichen Regungen, der Geist aber ist um so kräftiger, dieses Geheimniss recht zu erkennen und aufzufassen.

2. Es ist billig, dass der edlere Theil in uns vor dem niedern gespeist werde.

3. Es ist billig, dass die vorzüglichere Nahrung vor jeder andern genossen werde[2].

2. Nothwendigkeit des Empfanges der Eucharistie.

Noch heute stellt die Dogmatik die Frage, ob die Worte des Herrn: Wenn ihr das Fleisch des Menschensohnes nicht esst und sein Blut nicht trinken werdet, werdet ihr das Leben nicht in euch haben (Joh. 6, 54), eine absolute Nothwendigkeit des Empfanges der Eucharistie zur Erlangung der ewigen Seligkeit behaupten. Auch Paschasius kennt diese Frage schon. Er sagt, mit Bezug auf jene Worte Christi fragten einige, ob und welchen Schaden diejenigen erlitten, welche getauft seien, aber bald vom Tode überrascht würden, ohne die hl. Communion empfangen zu haben, oder ob der Nichtempfang des Altarssacramentes ihnen gar nicht schade, da sie ja eben erst in Christus wiedergeboren, mit ihm ein Leib geworden und zur Kindschaft Gottes zugelassen seien[3].

Er spricht nun seine Ansicht dahin aus, dass ohne Zweifel diejenigen, welche bald nach der Taufe, ohne eine Sünde begangen zu haben, durch den Tod des Leibes hinübergehen zu

---

[1] De corp. 20, 1, Migne 120, 1330: Sic enim placuit Spiritui sancto per Apostolos, ut in honorem tanti mysterii primitus corpus Christi et sanguis sobrie acciperetur quam ceteri cibi etc. Im folgenden warnt Paschasius vor der Meinung, als müsse man nach der Communion so lange nüchtern bleiben, donec ea digerantur in corpore; denn spiritaliter haec accipienda sunt et non carnaliter.

[2] De corp. 20, 3, Migne 120, 1331.

[3] De corp. 19, 4, Migne 120, 1328.

jenem Leben, welches Christus ist, als Glieder am Leibe Christi zu betrachten sind und dass ihnen der Nichtempfang der hl. Communion nichts schadet, da sie ja, nachdem sie das Leben empfangen hatten, in keinem Punkte vom rechten Wege abgewichen sind, sie sich also das Leben bewahrt haben, bis sie zum wahren und ewigen Leben gelangt sind[1].

Anders verhält es sich jedoch mit denen, welche nach Empfang der Taufe noch längere Zeit leben (quantisper hic remanentibus). Für diese ist jene himmlische Speise und jener himmlische Trank äusserst nothwendig (valde pernecessarius). Denn wie der Mensch durch die irdische Speise genährt wird, dass er eine Zeitlang lebt, so soll er durch diese Speise geistiger Weise genährt werden zum ewigen Leben, auf dass er nicht matt wird auf seinem irdischen Lebenswege, bis er durch den Tod des Leibes zum ewigen Leben gelangt, wo es keine Ermattung mehr gibt[2].

Deshalb hat der Herr gesagt: Mein Fleisch ist wahrhaftig eine Speise und mein Blut ist wahrhaftig ein Trank (Joh. 6, 56). Er wollte damit sagen: Die Menschen nehmen Speise und Trank hauptsächlich als Schutzmittel gegen Hunger und Durst und gegen den Tod zu sich. Jedoch vermögen gewöhnliche Speise und gewöhnlicher Trank nicht auf die Dauer gegen den Tod zu schützen; das vermag nur mein Fleisch und Blut, weil dieses allein unsterblich und unzerstörbar macht. Mein Fleisch und Blut ist deshalb Speise und Trank im eigentlichen Sinne des Wortes. Wie man nun in diesem sterblichen Leben ohne Speise und Trank nicht zu existiren vermag, so kann man auch nicht zu jenem ewigen Leben gelangen, wenn man nicht durch die Speise und den Trank der hl. Communion geistiger Weise zur Unsterblichkeit genährt wird. Dass die hl. Communion diese Kraft hat, ist nicht zu läugnen. Denn wenn schon die vergängliche Speise solche Kraft hat, dass sie täglich das abnehmende Leben wieder stärkt und die verfallenden Kräfte wiederherstellt: welche Kraft muss man erst dieser unsterblichen Speise und diesem unsterblichen Tranke zuschreiben,

---

[1] De corp. l. c.
[2] De corp. l. c.

in welchem das ewige Leben mitgetheilt wird und die Unsterblichkeit wohnt! Deshalb heisst das Altarssacrament auch wohl
viaticum, weil nämlich derjenige, welcher es hier auf Erden
geniesst, zum Leben gelangt, welches er schon in sich hat[1].

X.
Die Wirkungen der hl. Communion.

Die Wirkungen der hl. Communion, die um so grösser
sind, je würdiger der Empfänger ist[2], zerfallen bei Paschasius
in Wirkungen für die Seele und in Wirkungen für den Leib.

1. Wirkungen für die Seele.

Vor allem betont Paschasius die heiligenden Wirkungen
der Communion. Diese bestehen negativ in der Reinigung von
den leichteren, täglichen Sünden, positiv in der Erhaltung der
heiligmachenden Gnade oder, um Ausdrücke des Paschasius zu
gebrauchen, in der Vereinigung mit Christus zu einem Leibe,
wo Christus das Haupt, wir aber die Glieder sind[3]. Diese Vereinigung, die symbolisirt ist in den Gestalten[4], sowie in der
Vermischung des Weines mit Wasser[5], begründet zwischen
Christus und uns nicht bloss eine Einheit des Willens, sondern
eine Einheit der Natur, indem Christus in uns und wir in
Christus sind[6].

Zweitens ist die hl. Communion Nahrung und Stärkung
für die Seele. Was die irdische Speise und der irdische Trank
für den Leib sind, das ist die hl. Communion für die Seele[7].
Wie das irdische Brod irdisches Leben verleiht, so gibt dieses
himmlische Brod ewiges Leben, und wie der Wein des Menschen
Herz erfreuet, so erfüllt uns auch dieser Wein des Blutes mit

---

[1] De corp. 19, 5, Migne 120, 1329.
[2] De corp. 17, Migne 120, 1325. De corp. 22, 1, Migne 120, 1341.
[3] De corp. 15, 3, Migne 1323 f.
[4] De corp. 10, 1, Migne 120, 1304.
[5] De corp. 11, 2, Migne 120, 1308.
[6] De corp. 9, 4, Migne 120, 1296.
[7] De corp. 19, 5, Migne 120, 1329.

innerer, geistiger Freude[1]. Wie das Manna, so enthält auch die Eucharistie alle Süssigkeit in sich[2]. Sie ist für den Menschen Speise und Trank auf seiner irdischen Pilgerfahrt und stärkt ihn, bis er gleich Elias zum Berge Gottes kommt[3]. Sie ist Vorbereitung auf das ewige Leben[4]. Nicht zwar vor leiblichem Tode bewahrt sie uns, wohl aber vor dem ewigen Tode der Seele[5]. Sie gibt den Sterblichen Unsterblichkeit[6]. Als Sterbliche werden wir durch sie mit Unsterblichkeit gespeist, damit wir durch sie um so schneller zur Unsterblichkeit durch den Glauben und gute Werke gelangen[7]. Sie ist in der Kirche, was im Paradiese der Baum des Lebens war. Beobachtete der Mensch die Gebote Gottes, so sollte er durch den Baum des Lebens in seinem glücklichen Zustande und in seiner Unsterblichkeit verbleiben. So ernährt uns auch das Altarssacrament durch seine innere Kraft zur Unsterblichkeit. So lange wir es würdig empfangen, sind wir durch dasselbe der Seele nach unsterblich, bis wir dann endlich im verklärten Zustande zum ewigen, unsterblichen Leben eingehen[8].

2. Wirkungen für den Leib.

Ohne Zweifel schreibt Paschasius der hl. Communion einen Einfluss auf den Leib zu. Wie er leibliche Krankheiten und plötzlichen Tod auf den unwürdigen Empfang des Altarssacramentes zurückführt[9], so ist ihm umgekehrt die würdige Communion gleich dem Lebensbaume im Paradiese ein Mittel, durch welches der Mensch „mit Gesundheit des Leibes zur Unsterblichkeit gekräftigt wird".[10] Der ganze Mensch, der aus zwei

---

[1] De corp. 16, Migne 120, 1324. De corp. 10, 1, Migne 120, 1303 f.

[2] De corp. 9, 6, Migne 120, 1298.

[3] De corp. 10, 2, Migne 120, 1306.

[4] De corp. 1, 2, Migne 120, 1269. De corp. 3, 4, Migne 120, 1277.

[5] De corp. 5, 2, Migne 120, 1281.

[6] De corp. 1, 4, Migne 120, 1271. Vgl. De corp. 1, 8, Migne 120, 1326: Alimonia semina immortalitatis.

[7] De corp. 1, 5, Migne 120, 1271.

[8] De corp. 9, 3, Migne 120, 1295. De corp. 1, 6, Migne 120, 1272. De corp. 7, 2, Migne 120, 1285.

[9] De corp. 8, 6, Migne 120, 1291.

[10] De corp. 8, 7, Migne 120, 1291.

Substanzen (Leib und Seele) besteht, ist von Christus erlöst, der ganze Mensch (nämlich Leib und Seele) wird deshalb auch durch das Altarssacrament genährt. Denn nicht allein die Seele wird in diesem Mysterium genährt, weil sie nicht allein durch den Tod Christi erlöst ist, sondern auch unser Fleisch wird in ihm zur Unsterblichkeit und Unverweslichkeit wiederhergestellt. Das verlangt die innige Verbindung, in welche unser Fleisch mit dem Fleische Christi in der hl. Communion tritt[1]. So ist die hl. Communion für den Leib der Grund seiner dereinstigen Auferstehung. Zwar kehrt er beim Tode des Menschen wegen des Urtheilsspruches, der über den ersten Menschen ergangen ist, zur Erde zurück. Weil er aber durch die Taufe Christo einverleibt und durch die Speise der Unsterblichkeit genährt ist und deshalb den Keim des Lebens in sich hat, so kann er nach dem Ende der Welt nimmer in der Gewalt des Todes verbleiben, sondern was sich am Haupte schon erfüllt hat, wird auch den Gliedern zu theil werden[2].

Deshalb hat der Herr den Worten: „Wer mein Fleisch isst und mein Blut trinkt, hat das ewige Leben", noch hinzugefügt: „Und ich werde ihn auferwecken am jüngsten Tage." Der 1. Theil dieses Ausspruches bezieht sich nach Paschasius auf die Seele; da sagt der Herr: „Hat das ewige Leben", weil die Seele, sobald sie sich vom Leibe trennt, zum ewigen Leben eingeht. Der 2. Theil dagegen bezieht sich auf den Leib, den der Herr am jüngsten Tage aufzuerwecken verspricht, damit, wie der Mensch seiner ganzen Natur nach erschaffen ist, er auch seiner ganzen Natur nach erlöst und am jüngsten Tage zur früheren Vollkommenheit wiederhergestellt werde[3].

---

[1] De corp. 19, 1, Migne 120, 1327.

[2] De corp. 11, 3, Migne 120, 1310: Caro propter sententiam primi hominis ad terram redit, sed quia Christo corporata per lavacrum et immortalitatis alimoniam enutrita semina vitae percipit, nunquam post finem saeculi in mortem detineri poterit, imo quod in capite praecessit, membris praestabitur.

[3] De corp. 19, 2, Migne 120, 1327 f.

XI.

Die Eucharistie als Opfer.

Es braucht wohl kaum bemerkt zu werden, dass Paschasius die hl. Messe kennt. Er bedient sich für sie der Ausdrücke: missarum sollemnia[1], missarum festa[2], sacrificium altaris[3], sacramentum divinae traditionis[4] u. ä. Von den Gebeten während der hl. Messe finden sich bei ihm von ganz unbedeutenden Verschiedenheiten abgesehen wörtlich folgende:

1. Die Oration unmittelbar vor der Wandlung: Quam oblationem tu Deus in omnibus quaesumus benedictam, adscriptam etc.[5]

2. Die Worte der Wandlung von Qui pridie an[6].

3. Die 3. Oration nach der Wandlung: Supplices te rogamus, omnipotens Deus, iube haec perferri per manus sancti angeli tui etc.[7]

4. Das Agnus Dei[8].

Ausserdem erwähnt er die Opferung[9], die Vermischung des Weines mit Wasser[10], die Brechung der hl. Hostie und die Vermischung eines Theiles desselben mit dem Blute im Kelche[11].

Was ist nun die hl. Messe? Zunächst die Erinnerung an das Leiden, das Andenken an den Tod des Herrn[12]. Jedoch ist sie nicht bloss die erinnernde Darstellung des Kreuzopfers

---

[1] De corp. 6, 3, Migne 120, 1283. De corp. 14, 5, Migne 120, 1319 f.

[2] De corp. 9, 8, Migne 120, 1299.

[3] Lib. XII. in Matth., Migne 120, 973.

[4] De corp. 19, 9, Migne 120, 1328.

[5] De corp. 12, 2, Migne 120, 1312. Vgl. Ep. ad Frud. (Sent. Cath. Patr.), Migne 120, 1363.

[6] De corp. 15, 1—3, Migne 120, 1322 ff.

[7] De corp. 8, 1, Migne 120, 1286. De corp. 12, 1, Migne 120, 1310 f.

[8] De corp. 22, 3, Migne 120, 1344.

[9] De corp. 12, 3, Migne 120, 1312.

[10] De corp. 11, Migne 120, 1307 ff.

[11] De corp. 19, 1, Migne 120, 1327.

[12] Lib. VII. in Matth, Migne 120, 518. Lib. XII. in Matth., Migne 120, 894 und 897. De corp. 4, 2, Migne 120, 1278. De corp. 9, 5, Migne 120, 1297 u. a. a. St.

auf Golgatha, sondern die Wiederholung desselben[1], ja dasselbe Opfer wie dieses. Wie damals, so ist auch in der hl. Messe der Gegenstand des Opfers Christus selbst, sein Fleisch und Blut[2]. Auch der Opfernde ist derselbe, nämlich Christus, der sich selbst seinem himmlischen Vater täglich in der hl. Messe darbringt[3], dem als dem wahren und höchsten Priester alle heiligende Thätigkeit im mystischen Opfer zuzuschreiben ist[4]. Der Priester ist nur sein sichtbarer Stellvertreter. Dieser segnet zwar; aber eigentlich ist es doch Christus, welcher das Brod segnet und bricht, und zwar ist er allein es, welcher das Brod segnet und bricht und es durch die Hände seiner Diener an die Gläubigen austheilt[5].

Paschasius hält also die hl. Messe für ein Opfer im eigentlichen Sinne. Neben der Identificirung der hl. Messe mit dem Kreuzesopfer hinsichtlich seines Objectes und seines Darbringers beweisen das auch die Worte und Wendungen, in denen er vom Messopfer redet. Solche Ausdrücke sind: oblatio[6], immolatio[7], sacrificium altaris[8], sacrae hostiae[9], Christus immolatur[10], sacerdos haec incipit immolare[11], haec sacrificia offerre[12] u. a. Jedoch ist dieses Opfer ein sacrificium mysticum[13]; mystice[14],

---

[1] De corp. 4, 2, Migne 120, 1278. De corp. 9, 1, Migne 120, 1293.

[2] Ep. ad Frud. (Sent. Cath. Patr.) Migne 120, 1358: Quod semel immolatum est, adhuc quotidie immolatur. Vgl. Lib. XII. in Matth., Migne 120, 894.

[3] De corp. 8, 8, Migne 120, 1293.

[4] De corp. 2, 2, Migne 120, 1274.

[5] De corp. 5, 2, Migne 120, 1323: Licet sacerdos benedicat, ipse (sc. Christus) est, qui benedicit et frangit . . . . Sacerdos ergo invocat, sed ipse benedicit et frangit . . . . Et ideo hic solus est, qui frangit hunc panem et per manus ministrorum distribuit credentibus.

[6] De corp. 9, 1, Migne 120, 1293.

[7] Lib. XII. in Matth., Migne 120, 894.

[8] Lib. XII. in Matth., Migne 120, 973.

[9] De corp. 9, 10, Migne 120, 1300.

[10] De corp. 2, 3, Migne 120, 1274. De corp. 4, 2, Migne 120, 1278. De corp. 5, 2, Migne 120, 1280. De corp. 9, 1, Migne 120, 1294. De corp. 22, 1, Migne 120, 1341.

[11] De corp. 8, 1, Migne 120, 1286.

[12] De corp. 9, 10, Migne 120, 1300.

[13] De corp. 2, 2, Migne 120, 1274.

[14] De corp. 9, 1, Migne 120, 1294.

in mysterio[1] wird Christus geopfert, aber doch in Wirklichkeit[2].

Weshalb aber wird das Messopfer täglich dargebracht? Christus hat doch durch sein Leiden die Welt schon erlöst: weshalb wird nun das Kreuzesopfer täglich in der hl. Messe erneuert? Paschasius antwortet:

1. Wir begehen täglich Sünden, wenigstens solche, ohne welche der sterbliche Mensch nun einmal nicht leben kann. Zwar sind uns in der Taufe alle Sünden nachgelassen, aber geblieben ist die Neigung zur Sünde (infirmitas peccati). Weil wir also täglich sündigen, wird auch täglich Christus mystischer Weise für uns geopfert und in diesem Geheimnisse das Leiden Christi wiederholt, damit derjenige, welcher einmal durch seinen Tod den Tod und die Sünde besiegt hat, täglich durch das Sacrament seines Leibes und Blutes die Rückfälle in unsere Sünden wieder gutmache[3].

2. Was im Paradiese, dem Vorbilde der Kirche, der Baum des Lebens war, das sollte in der Kirche die Eucharistie sein: der Baum, der allen, welche von ihm essen und die Gebote halten, das ewige Leben verleiht[4].

3. Durch das tägliche Opfer sollte allen Gläubigen die Möglichkeit geboten werden, jene innige Vereinigung unter sich und mit Christus zur Wirklichkeit werden zu lassen, um welche der göttliche Heiland seinen himmlischen Vater gebeten hat: Ut omnes unum sint, sicut tu, Pater, in me et ego in te, ut et ipsi sint in nobis[5].

4. Nach dem Wunsche des Herrn[6] und dem Befehle des

---

[1] Ep. ad Frud., Migne 120, 1355.

[2] De corp. 2, 3, Migne 120, 1274: In mysterio quotidie veraciter immolatus. Auch in der Lehre vom Messopfer finden sich bei Paschasius kapharnaitische Wendungen. Das Nähere später bei Besprechung des Einwurfs von Rhabanus Maurus, Paschasius lehre, dass Christi Leiden sich jedesmal erneuere, wenn die hl. Messe gefeiert werde.

[3] De corp. 9, 1, Migne 120, 1293 f. Vgl. Lib. XII. in Matth., Migne 120, 894 u. a. St.

[4] De corp. 9, 3, Migne 120, 1295.

[5] De corp. 9, 4, Migne 120, 1295 f.

[6] Hoc facite in meam commemorationem (Luc. 22, 19).

hl. Paulus[1] wird das Messopfer auch täglich dargebracht zur
Erinnerung an das Leiden und den Tod des Herrn, damit wir
immer wieder der Liebe uns erinnern, mit welcher Gottes Sohn
für uns in den Tod gegangen ist, und ihm Gegenliebe schenken[2].

5. Dagegen will Paschasius den Grund, als würde das
Messopfer täglich dargebracht, damit die Juden, welche an
tägliche Opfer gewohnt waren, in dem täglichen Opfer der
hl. Messe für ihre Opfer einen Ersatz hätten, nicht als voll-
gültig anerkennen; denn das Messopfer werde nicht weniger
für uns als für die bekehrten Juden dargebracht[3].

Die Wirkungen des Messopfers anlangend, weiss Paschasius davon manche Beispiele zu erzählen. So oft wir, bemerkt
er nach einer dieser Erzählungen, Christo das Opfer seines
Leidens darbringen, so oft erneuern wir sein Leiden uns zur
Sühne. Denn durch dieses Opfer werden die Seelen gereinigt,
die Laster vertrieben, die Dämonen verjagt, Tugenden erworben,
wird das Heil der Seele und des Leibes gesichert, die ganze
Welt gerettet[4].

Ebenso nützt es auch den Todten. Doch ist zu beachten,
dass es nur solchen Todten nützen kann, welche im Leben sich
dessen würdig gemacht haben[5].

---

[1] Quotiescunque enim manducabitis panem hunc et calicem bibetis
mortem Domini annuntiabitis, donec veniat (I Cor. 11, 26).
[2] De corp. 9, 5, Migne 120, 1297.
[3] De corp. 9, 6, Migne 120, 1297.
[4] De corp. 9, 11, Migne 120, 1302.
[5] De corp. 9, 12, Migne 120, 1303.

II. Abtheilung.

Die Stellung des hl. Rhabanus Maurus und des Ratramnus zu der Lehre des hl. Paschasius Radbertus.

I.

Allgemeines über die Beurtheilung der Paschasianischen Lehre.

Das Buch des Paschasius Radbertus hat die mannigfachsten Beurtheilungen erfahren. Die Zeitgenossen fanden, vereinzelte auf Missverständnissen beruhende Angriffe abgerechnet, in ihm nichts, was gegen die kirchliche Lehre verstiess. Auch in den folgenden Jahrhunderten galt Radberts Lehre als orthodox. Erst im 16. Jahrhundert tauchten andere Ansichten auf. Im Jahre 1528 veranstaltete der Lutheraner Hiobus Gastius die erste gedruckte Ausgabe des Paschasianischen Buches De corpore et sanguine Domini. Der Text war aber infolge des Bestrebens, den Paschasius zu einem Vorkämpfer der lutherischen Abendmahlslehre zu machen, so sehr verstümmelt und entstellt, dass Paschasius weder die Transsubstantiation noch die reale Präsenz gelehrt zu haben schien[1]. Der Luxemburger Nikolaus Mameranus entdeckte die Fälschung und veranstaltete dann 1550

---

[1] Nach Mameranus änderte Gastius durchgängig den Zusammenhang, liess Worte weg, änderte sie, fügte neue hinzu, ja ganze Seiten und Kapitel mussten weichen und Interpolationen Platz machen. Da Wörter wie sacerdos, altare, immolatio, consecratio, poenitentia in das lutherische System nicht recht passen wollten, wurden sie entweder weggelassen oder durch andere Ausdrücke ersetzt, so sacerdos durch minister Ecclesiae oder minister verbi Christi, altare durch mensa Domini, immolatio durch intercessio, consecratio durch benedictio, poenitentia durch agnitio peccati et commissae inobedientiae etc. (Das Zeugniss des Mameranus bei Martène in der observatio praevia zum Buche des Paschasius, abgedruckt bei Migne 120, 1255 ff.)

die Kölner Ausgabe, welche auf Grund zwei sehr alter Handschriften den richtigen Text brachte. Von nun an machten sich
auf akatholischer Seite in Betreff der Lehre Radberts drei Meinungen geltend. Manche blieben auch jetzt nach der Richtig-
stellung des Textes bei der durch die Fälschung des Hiobus
Gastius hervorgerufenen Ansicht, die in Paschasius einen Sym-
boliker und Gegner der Transsubstantiation und der realen Präsenz
sah. Andere gaben zwar zu, dass Paschasius die reale Präsenz
und die Transsubstantiation gelehrt habe, behaupteten aber, der
Abt von Korvey habe dieses Dogma erfunden und der Kirche
aufgedrungen. In neuerer Zeit endlich betrachten viele die
Lehre Radberts als das Product der Entwickelung der von
Alters her in der Kirche neben einander bestandenen Meinungen
über die Eucharistie, des Dualismus, des Symbolismus, des Dynamismus und des Metabolismus. Bei Paschasius soll der Metabolismus bei weitem vorherrschen, ohne indessen die andern
Richtungen vollständig verdrängt zu haben.

Wir haben oben gezeigt, dass Paschasius thatsächlich die
reale Präsenz und die Transsubstantiation lehrt: damit fällt die
erste Annahme, als läugne Radbert die reale Präsenz und die
Transsubstantiation. Ebensowenig ist die zweite Ansicht halt-
bar. Sie widerlegt sich selbst durch ihre Abenteuerlichkeit.
Paschasius hat das Dogma von der realen Präsenz und der
Transsubstantiation nicht erfunden; es ist bei den Vätern mit
derselben Klarheit und Schärfe ausgesprochen wie bei ihm; deshalb kann er sich auch auf die Väter berufen. Man hat nun
freilich behauptet, er habe die Väterstellen gefälscht oder doch
durch falsche Exegese zu seinen Gunsten gedeutet. Allein
man vergleiche die Väterstellen, die er heranzieht und die wir
oben bei Besprechung seines Beweises der realen Präsenz aus
den Vätern des Nähern angeführt haben, und man wird finden,
dass die Citate, wenn auch nicht alle wörtlich, so doch dem
Sinne nach getreu sind und dass von einer falschen Inter-
pretation nicht die Rede sein kann[1]. Auch die letzte Annahme,
welche in Paschasius den Metabolismus in dem vielhundert-

---

[1] Nur das Non alia plane caro nach Ambrosius dürfte eine Ausnahme machen.

jährigen Kampfe mit dem Dualismus, dem Symbolismus und
dem Dynamismus endlich die Oberhand gewinnen lässt und in
der Lehre des Abtes von Korvey durchgehends die metabolische
Auffassung ausgesprochen findet, dabei aber noch Spuren der
dualistischen, symbolischen und dynamischen nachweisen will,
ist, soweit sie auf Paschasius angewandt wird, bereits oben ge-
würdigt worden[1].

Bei der Beurtheilung der Paschasianischen Lehre wird es
am besten sein, jener Kritik nachzugehen, welche Radberts
Buch bereits im 9. Jahrhunderte gefunden hat, besonders da
sie von den Vertretern der erwähnten Meinungen im weitesten
Umfange verwertet wird. Die von dem älteren Protestantis-
mus beliebte Methode, fast das ganze 9. Jahrhundert gegen
den Neuerer Paschasius auftreten zu lassen, ist von den
modernen Theologen auf akatholischer Seite fast allseitig auf-
gegeben worden. Man musste eingestehen, dass unter den Zeitgenossen Radberts nur zwei sind, welche offen Lehrsätze desselben bekämpfen: Rhabanus Maurus, Erzbischof von Mainz,
und Ratramnus, Mönch in Alt-Korvey. Diese beiden aber sollen
gerade in dem Punkte, auf welchen bei der Eucharistie alles
ankommt, in der Lehre von der realen Präsenz und der Transsubstantiation dem Paschasius widersprochen haben. Es muss
allerdings zugegeben werden, dass Rhabanus und Ratramnus
den Paschasius angegriffen haben, aber ebenso entschieden ist
auch zu betonen, dass Radberts Lehre von der realen Präsenz
und der Transsubstantiation nicht der Gegenstand des Angriffes
war. Der Anonymus Cellotianus (Gerbert, der spätere Papst
Sylvester II.) referirt über den ersten Abendmahlsstreit und erwähnt zwei Gegner des Paschasius, eben Rhabanus und Ratramnus. Als Gegenstand der Controverse bezeichnet er nicht etwa
die reale Präsenz und die Transsubstantiation, sondern die Identität des eucharistischen und des historischen Leibes Christi und
andere Fragen mehr untergeordneter Art[2]: ein Beweis, dass es
sich im 9. Jahrhunderte nicht um die reale Präsenz und die
Transsubstantiation handelte. Zur unumstösslichen Gewissheit

---

[1] S. besonders S. 15 f.
[2] Anon. Cell. De corp. et sang. Dom., Migne 139, 179.

aber wird dieses durch die Thatsache, dass Rhabanus und Ratramnus die reale Präsenz und die Transsubstantiation gelehrt
haben, also hierin nicht Gegner des Paschasius gewesen sein
können. Die Beweise werden wir an geeigneter Stelle bringen.
Untersuchen wir jetzt, worin Rhabanus und Ratramnus dem
Paschasius widersprochen haben.

II.

Rhabanus Maurus und Paschasius Radbertus.

Der Bischof Heribald von Auxerre hatte an Rhabanus
Maurus die Frage gerichtet: Utrum eucharistia, postquam con-
sumitur et in secessum emittitur more aliorum ciborum, iterum
redeat in naturam pristinam, quam habuerat, antequam in altari
consecraretur[1]. Rhabanus weist die Frage als eine überflüssige
zurück, da der Herr selbst sie schon entschieden habe mit den
Worten: „Alles, was zum Munde eingeht, kommt in den Leib
und nimmt den natürlichen Ausgang.“ Die Heranziehung dieses
Ausspruches des Herrn scheint es verursacht zu haben, dass
man dem Rhabanus die ungeheuerliche Meinung zuschrieb, der
Leib Christi in der Eucharistie sei dem Verdauungsprocesse
unterworfen[2], und dass man auch in dieser Hinsicht ihn zu den
Gegnern des Paschasius Radbertus rechnete, der so entschieden
eine derartige Anschauung zurückgewiesen hatte[3]. Der Vor-
wurf ist indess nicht berechtigt. Nicht einmal in der Frage
Heribalds braucht man einen kapharnaitischen Sinn anzunehmen.
Der Ausdruck eucharistia kann freilich den eucharistischen Leib
Christi bezeichnen, und dann hätte Heribald sich mit seiner
Frage als Kapharnaiten vom reinsten Wasser gezeigt. Es kann
aber eucharistia auch bloss die äussere Hülle des Sacramentes,
das, was an ihm sinnenfällig ist, bezeichnen, und diese Auffassung empfiehlt der Zusatz: antequam in altari consecraretur.
Von dem Leibe Christi kann man die Frage, ob die Eucharistie

---

[1] Rhab. Maur., Ep. ad Herib. (Poenitentiale cap. 33), Migne 110, 492.
[2] Anon. Cellot. n. 1, Migne 139, 179.
[3] Pasch. Radb. De corp. et sang. Dom. 20, 3, Migne 120, 1331:
Frivolum est ergo .... in hoc mysterio cogitare de stercore.

die früher vor der Consecration gehabte Natur wiederbekomme,
nicht verstehen, da er vor der Consecration auf dem Altare
nicht vorhanden ist. Sie ist also von dem zu verstehen, dessen
Natur durch die Consecration verändert wird, d. h. vom Brode
und Wein. Dass aber Rhabanus selbst nur die Gestalten und
nicht auch deren Inhalt, Christi Leib und Blut, dem Verdauungsprocesse unterworfen sein lasse, ist ganz sicher. Seine Antwort
an Heribald mag zweifelhaft sein, weil er auf die eigentlich
kapharnaitische Seite der Frage nicht recht eingeht[1]. Ausdrücklich verneint er nur, dass die Eucharistie die früher gehabte
Gestalt wiederbekomme, da solches noch niemand, also auch
nicht Christus mit den angeführten Worten, behauptet habe;
die Frage dagegen, ob die Eucharistie den Folgen der Verdauung unterliege, fertigt er mit der kurzen, aber seine Meinung
klar zeigenden Bemerkung ab, das Sacrament des Leibes und
Blutes werde zwar aus sichtbaren und körperlichen Dingen
bereitet, bewirke aber die unsichtbare Heiligung des Leibes und
der Seele[2].

Seine anderweitige Unterscheidung zwischen sacramentum
(Gestalten) und virtus sacramenti (Christi Leib) macht vollends
jedem Zweifel ein Ende. Das sacramentum wird mit dem Munde
genossen, durch die virtus sacramenti wird der innere Mensch
gesättigt; das sacramentum wird zur Speise des Körpers, durch
die virtus sacramenti wird die Würde des ewigen Lebens erworben[3].

Rhabanus nahm also den Secess an für die Gestalten,
läugnete ihn aber für deren Inhalt d. h. Christi Leib und Blut.
Wie stellt sich Paschasius Radbertus zu dieser Lehre? Sicher
war Paschasius mit Rhabanus darin einverstanden, dass der
eucharistische Leib selbst nicht den Folgen der Verdauung
unterliege; dafür bürgt sein: Frivolum est in hoc mysterio
cogitare de stercore. Aber will Paschasius diese Worte bloss
von dem eucharistischen Leibe oder auch von den Gestalten
verstanden wissen? Seine Erklärung, dass durch die Eucharistie
nicht bloss die Seele genährt werde, sondern auch der Leib,

---

[1] Mabill., Acta SS. Ord. S. Bened. l. c. n. 71 ff.
[2] Ep. ad Herib. l. c.
[3] De cleric. instit. I, 31, Migne 107, 318.

kann die Frage nicht entscheiden; denn er meint nicht die physische Ernährung, sondern die reparatio ad immortalitatem et incorruptionem [1]. Dagegen scheint seine stete Betonung, dass in der Eucharistie alles geistig zu nehmen und jede fleischliche Auffassung auszuschliessen sei, dafür zu sprechen, dass er auch für die Gestalten den Secess nicht annehme. Andererseits aber zwingt seine nachdrückliche Unterscheidung zwischen dem Sichtbaren und Unsichtbaren, zwischen Bild und Wahrheit in der Eucharistie, zwischen der äusseren Erscheinungsform und deren innerem Inhalte zu der Annahme, dass er den Secess für die Gestalten ebenso sehr zugebe, wie er ihn für den eucharistischen Leib selbst läugnet. Ausdrücklich ausgesprochen hat er sich hierüber nirgends. Höchstens könnte man die Worte: Non observandum, donec ea digerantur in corpore, ne communis cibus accipiatur [2], als solche ausdrückliche Erklärung betrachten. Denn da er für den eucharistischen Leib keinen Secess zugibt, so kann sich das digerere nur auf die Gestalten beziehen.

Der Brief an Heribald berührt auch den Streit über die Identität des eucharistischen und des historischen Leibes Christi. Rhabanus erzählt nämlich, neulich hätten einige, die über das Sacrament des Leibes und Blutes des Herrn nicht richtig dächten, gesagt: hoc ipsum corpus et sanguinem Domini, quod de Maria Virgine natum est et in quo ipse Dominus passus est in cruce et resurrexit de sepulchro. Diesem Irrthum habe er sich in einem Schreiben an den Abt Egil nach Kräften widersetzt und gezeigt, was vom Leibe selbst in Wahrheit zu glauben sei [3]. Die Identität dieses Briefes an den Abt Egil von Prüm mit den Dicta cuiusdam sapientis de corpore et sanguine Domini adversus Radpertum hat Mabillon überzeugend nachgewiesen [4]. Die Bedeutung dieser Dicta liegt darin, dass sie uns nicht bloss über die Anschauung des Rhabanus vom Altarssacramente, sondern auch über die ganze damalige Controverse ein klares Bild geben.

---

[1] De corp. 19, 1, Migne 120, 1327.
[2] De corp. 20, 1, Migne 120, 1330.
[3] Ep. ad Herib. c. 31. Migne 110, 493.
[4] Act. SS. Ord. S. Bened. l. c. p. 591, auch abgedruckt bei Migne 112, 1509 ff. Anmerkung.

Der Sapiens d. h. Rhabanus Maurus beginnt seine Auseinandersetzung mit einem über alle Zweifel erhabenen Bekennt-
nisse seines Glaubens an die reale Präsenz und die Transsubstantiation. Dass der Leib und das Blut des Herrn, erklärt er,
wahres Fleisch und wahres Blut sei, muss jeder Gläubige annehmen und bekennen. Wer es läugnet, ist ein Ungläubiger;
denn er glaubt dem Herrn selbst nicht. Noch mehr. Wie
Christus die Wahrheit ist und das wahre Lamm Gottes, das
täglich für das Leben der Welt mystisch geopfert wird, so wird
ohne Zweifel aus dem Brode sein wahres Fleisch und aus dem
Weine sein wahres Blut durch die Consecration des hl. Geistes
geschaffen. Denn Augustin sagt ganz richtig: Wie aus der
Jungfrau durch den hl. Geist ohne Zuthun des Mannes wahres
Fleisch geschaffen wird, so wird durch denselben hl. Geist aus
der Substanz des Brodes und Weines mystisch derselbe Leib
und dasselbe Blut Christi consecrirt. Das alles ist für den
gläubigen Christen ganz sicher und zweifellos, ja sogar ein
Theil der Heiden weiss es. Denn im Lande der Bulgaren hat
mich einst ein vornehmer und mächtiger Heide inständig gebeten, ihm zu trinken zu geben um der Liebe jenes Gottes
willen, welcher aus Wein sein Blut mache[1].

---

[1] Dicta cuiusdam sapientis n. 1, Migne 112, 1510 ff.: Quod corpus
et sanguis Domini vera sit caro verusque sit sanguis, unusquisque debet
credere, nosse, tenere, confiteri pariter et incunctanter asserere fidelis.
Prorsus quisquis hoc negat, esse cognoscitur et convincitur infidelis,
quippe qui non credit ipsi Domino dicenti: „Nisi manducaveritis . . . .‟
et: „Qui manducat carnem meam . . . . .‟ et: „Caro mea vere est
cibus . . . .‟ Quod explicans beatus Augustinus ait: „Ergo si vere est
cibus, et vere caro; et si vere est potus, utique et verus sanguis: alioquin quomodo verum erit quod dicit: „Panis quem ego dabo, caro mea
est pro mundi vita‟, nisi vera sit caro?‟ Hoc ergo profecto fidelissime
confirmo et addo: quod sicut veritas est Christus et verus agnus Dei,
qui quotidie pro vita mundi mystice immolatur: ita procul dubio ex
pane vera caro et ex vino verus sanguis eius consecratione Spiritus sancti
potentialiter creatur. Quia revera, quemadmodum sanctus Augustinus
verissime testatur, sicut de Virgine per Spiritum sanctum vera caro
sine coitu creatur, ita per eundem ex substantia panis et vini mystice
idem Christi corpus et sanguis consecratur. Quae cum certissime omnia
sint nec ullus hinc Christianus Christo credens ambigere possit, quod et
ipsum esse verum pars etiam gentilium scit. Nam quondam in terra

In der Hauptsache stimmt also Rhabanus mit Paschasius
überein. Aber nun kommen die Differenzpunkte. Rhabanus
findet es unerhört, dass „in diesem Buche" d. h. dem des Paschasius mit Berufung auf Ambrosius die Behauptung aufgestellt
werde, dass dieses kein anderes Fleisch Christi sei als jenes,
welches aus Maria geboren sei, am Kreuze gelitten habe und
aus dem Grabe auferstanden sei. Er wundert sich sehr, dass
Ambrosius das gesagt habe, aber noch mehr, dass Paschasius
eine solche Thesis aufgestellt habe. Bekenne er doch selbst
mit dem hl. Augustinus, dass es unstatthaft sei, Christus mit
den Zähnen zu zermalmen. Wie könne er es da statthaft
finden, dass dieses (das eucharistische) Fleisch Christi mit
den Zähnen zermalmt werde, wenn es aus Maria geboren
sei, am Kreuze gelitten habe und auferweckt sei aus dem
Grabe, zumal da dieses Fleisch Christi nach der Auferstehung
so verklärt sei, dass es auf keine Weise zermalmt werden
könne? Das seien Widersprüche, die Paschasius hätte lösen
sollen[1].

Noch bedenklicher aber sei, dass Paschasius mit dem
hl. Augustin einen dreifachen Leib Christi unterscheide: den
eucharistischen, den mystischen (die Kirche) und den historischen
und so den hl. Augustinus in Widerspruch bringe mit Ambrosius,
ohne eine Lösung zu versuchen. Rhabanus gibt nun selbst
eine Lösung. Naturaliter sind alle drei Leiber identisch, nicht
aber specialiter. Ein anderer ist specialiter der eucharistische
Leib, ein anderer specialiter der historische Leib, ein anderer

---

Wlagorum quidam nobilis potensque paganus bibere me suppliciter petivit
in illius Dei amore, qui de vino sanguinem suum facit. — Ausserdem
findet sich die reale Präsenz noch ausgesprochen: In librum Josue 1. III.
c. 17, Migne 108, 1108: Agni immaculati caro et sanguis in sacris alta-
ribus quotidie offertur et fidelium ore in pastum animarum suarum salubriter percipitur, die Transsubstantiation: De sacr. ordin. c. 19, Migne
112, 1185: Quis unquam crederet, quod panis in carnem potuisset converti vel vinum in sanguinem, nisi ipse Salvator diceret, qui panem et
vinum creavit et omnia ex nihilo fecit? facilius est aliquid ex aliquo
facere quam omnia ex nihilo creare. Dazu kommen noch verschiedene
Aussprüche in den Dicta, auf die wir an geeignetem Orte aufmerksam
machen werden.
[1] Dicta cuiusdam sapientis n. 2, Migne 112, 1513.

specialiter der mystische Leib Christi[1]. So erklärt sich der Ausspruch Augustins: Ut ex ipso et ab ipso nos corpus eius carnem illius illo manente integro sumamus[2]. „Denn", fährt Rhabanus fort, „was will das anderes sagen, als dass wir, die wir Christi (mystischer) Leib sind, den (eucharistischen) Leib Christi empfangen, der uns gegeben wird von (dem historischen) Christus selbst, nicht von anderwärts als von ihm selbst, weil er (der eucharistische Leib) verwandelt ist in ihn selbst (den historischen Christus), so dass, was in ihm selbst ist, uns, die wir aus ihm sind, gegeben wird von ihm selbst, jedoch so, dass er unversehrt bleibt, weil nämlich der unversehrte Leib Christi geboren ist aus Maria, in welchen jener (der eucharistische Leib) verwandelt ist, welcher auf dem Altare göttlicher Weise consecrirt und Gott sodann geopfert und dargebracht wird. Bei den Worten des Herrn nämlich: „dies ist mein Leib" wird der Leib Christi (fit corpus Domini); und während der Priester betet, wird der geniessbare Leib Christi (das eucharistische Brod) verwandelt in den Leib des Herrn, der geboren ist aus der Jungfrau, welcher vollständig inconsumptibel ist (corpus Domini sumptibile transfertur in corpus Domini natum de Virgine, quod est penitus inconsumptibile), so dass er wahrhaft uns gegeben wird von demselben Hohenpriester Christus: weil nämlich, so wie er selbst es ist, der tauft, so er selbst es ist, der uns, seinem (mystischen) Leibe, seinen (eucharistischen) Leib von seinem (historisch-himmlischen) Leibe gibt, zum Heile nämlich, nicht wie die Verworfenen ihn empfangen, zum Gerichte[3].

---

[1] Dicta n. 3, Migne 112, 1513: Cognoscetis, non quidem (quod absit) naturaliter, sed specialiter aliud esse corpus Domini, quod ex substantia panis ac vini pro mundi vita quotidie per Spiritum sanctum consecratur (Transsubstantiation!), quod a sacerdote postmodum Deo Patri suppliciter offertur: et aliud specialiter corpus Christi, quod natum est de Maria Virgine, in quod istud transfertur (Transsubstantiation!) et aliud specialiter corpus Christi, sanctam sc. Ecclesiam, qui corpus Christi sumus, dum ab ipso summo Christo pontifice porrigente tribuitur et confertur.

[2] Dicta n. 3, Migne 112, 1514.

[3] Dicta n. 4, Migne 112, 1514. Die ganze Stelle bezeugt klar den Glauben des Rhabanus Maurus an die Transsubstantiation.

Mit den letzten Worten geht Rhabanus zur Beantwortung der Frage über, wer denn den Leib des Herrn empfangen dürfe. Die Gedanken, zum Theil auch die Worte decken sich mit den diesbezüglichen Ausführungen des Paschasius. Christus hat gesagt: „Das Brod, welches ich geben werde, ist mein Fleisch für das Leben der Welt", nicht „für das Leben zweier Welten".[1] Diese beiden Welten sind die Welt der Auserwählten (electi, digni) und die Welt der Verworfenen (reprobi, indigni). Die Eucharistie ist nur Speise der Auserwählten[2]. Denn diese allein gehören zum mystischen Leibe Christi. Zugehörigkeit zum mystischen Leibe Christi aber wird von dem verlangt, der den (eucharistischen) Leib Christi empfangen will. Von ihm dürfen nicht essen, die zur Gegenpartei gehören; würdig aber essen alle von ihm, die Glieder des Leibes Christi sind. Die verworfene Welt, welche unwürdig isst und trinkt, isst und trinkt sich das Gericht[3].

Im folgenden polemisirt Rhabanus in erregtem Tone gegen die Behauptung des Paschasius, Christi Leiden erneuere sich immer wieder, so oft die hl. Messe gefeiert werde[4]. Er fragt, wer denn der Urheber dieses fort und fort in jeder Messe sich wiederholenden Leidens Christi sein solle. Etwa der opfernde Priester? Oder eine der göttlichen Personen? Oder die Kirche d. h. die Communicirenden? Da das eine wie das andere nur eine lügnerische und höchst verderbliche Behauptung ist, so ist klar, dass der Herr, der einmal gelitten hat und gestorben ist, nachher keineswegs wieder leiden kann, besonders da auch die hl. Schrift an vielen Stellen erklärt, dass Christus nur einmal für unsere Sünden gelitten habe. Vielmehr, wie er damals beim letzten Abendmahle, als er zum ersten Male aus Brod und Wein seinen wahren Leib und sein wahres Blut schuf und seinen Jüngern gab, keineswegs gelitten hat, so hat er auch hernach keineswegs gelitten, leidet nicht und wird nicht leiden, so oft

---

[1] Dicta n. 4, Migne, 112, 1514.

[2] Dicta n. 5, Migne 112, 1514: Nonnisi solorum est cibus electorum.

[3] Dicta n. 5, Migne 112, 1515.

[4] Dicta n. 6, Migne 112, 1516: Quoties toto terrarum orbe missarum solemnia celebrantur, toties Dominum Christum pati praedicat.

er seinen Leib und sein Blut aus Brod und Wein schafft[1].
Noch mehr. Als der Herr beim letzten Abendmahle seinen
Jüngern seinen Leib zu essen und sein Blut zu trinken gab,
hat er nicht gelitten, obwohl er damals noch leidensfähig und
sterblich war: um wie viel weniger hat er also nach seiner
Auferstehung gelitten, leidet er und wird er leiden, wo er
leidensunfähig und unsterblich ist[2]. Es möge deshalb „der
Feind der Wahrheit" (Paschasius) wissen, dass der Herr Jesus
keineswegs kommt, um wiederum zu leiden, sondern um Brod
und Wein durch die Consecration in seinen Leib und sein Blut
zu verwandeln[3].

Zum Schlusse kommt Rhabanus noch einmal auf die Haupt-
frage zurück, nämlich auf die Identität des eucharistischen und
des historischen Leibes Christi. Ein anderer ist specialiter der
historische Leib, ein anderer specialiter der eucharistische Leib
Christi; es sind das aber nicht zwei Leiber, sondern einer, wenngleich sie specialiter verschieden sind. Der eine wie der andere
aber ist ein wahrer Leib und ebenso wahres Fleisch[4]. So ist
der Geist Christi einer personaliter wegen der Einheit der Person,

---

[1] Dicta n. 6, Migne 112, 1516 f.: Sed revera quemadmodum nequa-
quam tunc in coena sua passus est, quando primitus ex pane et vino
dignatus est verum corpus et sanguinem suum creare, consecrare et dis-
cipulis suis dare manente integro humano corpore suo: ita nullatenus
postmodum passus est, patitur et patietur, quoties corpus et sanguinem
suum ex pane creat et vino. Wieder ein Bekenntniss der Transsubstantiation!

[2] Dicta l. c.: Quia nimirum cum Dominus in coena sua dedit man-
ducandum corpus et bibendum sanguinem suum nihil mali fuerit passus,
cum tamen adhuc esset passibilis et mortalis: multo minus resurgens
a mortuis postmodum passus est, patitur vel patietur manens impassi-
bilis et immortalis dicente Apostolo: „Christus resurgens a mortuis iam
non moritur; mors illi ultra non dominabitur."

[3] Dicta n. 4, Migne 112, 1517: Sed ut tandem aliquando hanc adversus inimicum veritatis disputatiunculam Deo donante claudam, noverit
qui hoc dicit, quod Dominus Jesus nullatenus illuc rursum pati venit,
quod non potest esse: sed panem et vinum in corpus et sanguinem suum
consecrando venit vertere, quod nobis nimis est necesse (Transsubstantiation!).

[4] Dicta n. 7, Migne 112, 1518: Illud et istud verum est corpus et
vera pariliter caro.

zwei aber naturaliter, nämlich ein anderer iuxta divinitatem, ein anderer iuxta humanitatem. Es sind aber deshalb nicht zwei, sondern nur ein Geist. Iuxta divinitatem genommen ist er ubique totus, nusquam remotus; iuxta humanitatem ist er localis atque circumscriptus. Ein anderer naturaliter ist bei uns der äussere, ein anderer der innere Mensch, und doch sind das nicht zwei, sondern nur ein Mensch. Ein anderer ist der Geist Gottes, ein anderer der Geist des Menschen, und doch sagt der Apostel: „Wer dem Herrn anhängt, ist ein Geist mit ihm." (I Cor. 6, 17.) Ein anderes ist personaliter das Fleisch des Mannes, ein anderes das Fleisch des Weibes, und doch ist es nur ein Fleisch; denn es sagt die hl. Schrift: „Es werden die Zwei in Einem Fleische sein" (I Cor. 6, 16) und: „Sie sind nicht mehr zwei, sondern ein Fleisch" (Matth. 19, 6)[1].

Als Resultat seiner Untersuchung stellt nun Rhabanus folgende Sätze auf:

1. Der Gottmensch, der fleischgewordene Logos, gibt seiner Kirche, seinem Leibe, seinen Leib zu essen von sich selbst, dem Lamme Gottes, bleibt dabei aber immer lebendig, immer unversehrt.

2. Ein anderer ist specialiter der inconsumptibele (historische) Leib, ein anderer der geniessbare (eucharistische), ein anderer specialiter der corruptibele Leib (die Gläubigen), jedoch wird der Leib, welcher von dem gebenden Leibe den Leib, welcher gegeben wird, erhält, durch den heilsamen Empfang künftig incorruptibel.

3. Naturaliter ist ein und derselbe Leib derjenige, welcher gibt, gegeben wird und empfängt; der unsichtbare, der zu nährende und der nährende; welcher nicht genossen werden kann, genossen wird und geniesst. Schliesslich wird der inconsumptibele Leib durch den zu geniessenden den geniessenden so vervollkommnen, dass er letzteren sich darstellt verklärt, ohne Makel und Runzel u. dgl. und ihn eins mit seinem Leibe führt zur ewigen Glorie[2].

---

[1] Dicta l. c.

[2] Dicta l. c.: Ergo iam modo pateat, placeat, libeat rogo, quod Deus homo, Verbum caro dat Ecclesiae suae, sponsae suae, carni scilicet

Der Inhalt des Briefes an Egil zeigt deutlich, dass die Differenzen zwischen Rhabanus und Paschasius die Lehre von der realen Präsenz und der Transsubstantiation nicht berührt haben. Fände sich auch in dem ganzen Briefe keine einzige Stelle, in der Rhabanus seinen Glauben an die wirkliche Gegenwart und an die Wesensverwandlung bekännte: schon der Umstand, dass er, der mit so grosser Gereiztheit gegen Paschasius schreibt, diesen wegen seiner Lehre von der realen Präsenz und von der Transsubstantiation in keiner Weise angreift, würde zur Genüge beweisen, dass die beiden Männer in der eucharistischen Grundlehre vollständig übereinstimmen. Ausserdem hat Rhabanus seine Einwände genau genug formulirt, so dass über ihren Sinn und ihre Ausdehnung kein Zweifel bestehen und aus ihnen nicht etwa durch künstliche Exegese die Verwerfung des eucharistischen Grunddogmas gefolgert werden kann. Der erste Vorwurf lautet: Paschasius lehrt mit Berufung auf Ambrosius die totale Identität des eucharistischen und des historischen Leibes Christi; daneben behauptet er mit dem hl. Augustin, dass es unstatthaft sei, Christus mit den Zähnen zu zermalmen, nimmt also wieder einen Unterschied zwischen den beiden Leibern an. Ferner unterscheidet er mit Augustinus einen dreifachen Leib Christi, während er doch mit Ambrosius nur einen Leib Christi angenommen hat. So geräth er nicht nur mit sich selbst in Widerspruch, sondern lässt auch die Väter einander widersprechende Lehren vortragen. Rhabanus vermisst nun bei Paschasius die Lösung dieser scheinbaren Widersprüche; er bezeichnet die Identitätslehre des Paschasius nicht in jeder Beziehung als falsch. Denn wenn er auch nach

suae, manducandam carnem suam de semetipso Dei Agno, semper tamen manente vivo, semper integro, igitur suam. Lucet, placet, libet, quod alia specialiter est caro inconsumptibilis et alia sumptibilis et alia specialiter corruptibilis: tamen a dante carne datam carnem accipiens caro salubriter sumendo futura incorruptibilis; nihilominus quoque debet lucere, placere, libere, quod simul una est naturaliter caro dans, data, accipiens; videlicet invisibilis, vescenda, vescens; inconsumptibilis, sumenda, sumens: quoadusque scilicet inconsumptibilis per sumendam sic sumentem reficiendo perficiat, ut exhibeat sibi gloriosam, non habentem maculam aut rugam aut aliud eiusmodi et unam secum (sicut est) carnem gratis ad gloriam perducat. Amen.

der äusseren Erscheinungsweise einen dreifachen Leib Christi
unterschieden wissen will, so ist er doch darin mit Paschasius
einig, dass Christi Leib seinem Wesen nach nur einer ist.
Anders steht es mit dem zweiten Einwurfe. Wenn Paschasius
von einem fortwährenden, sich stets in jeder Messe erneuernden
Leiden Christi spricht, so kann Rhabanus sich hiermit in keiner
Weise einverstanden erklären.

Inwieweit sind nun diese Angriffe berechtigt? Was den
ersten Vorwurf anbelangt, so finden sich in der That alle die
einzelnen Behauptungen, aus denen er besteht, in des Paschasius
Buche De corpore et sanguine Domini. Paschasius betont dort
wiederholt die Identität[1]; er hat auch den Satz, dass es unstatthaft sei, Christus mit den Zähnen zu zermalmen[2]; er unterscheidet endlich mit dem hl. Augustinus auch einen dreifachen
Leib Christi[3]. Weiter kann dafür, dass Paschasius die sinnliche Präsenz des historischen Leibes Christi und damit die
totale Identität gelehrt habe, noch auf seine Wundererzählungen
hingewiesen werden, die sowohl inhaltlich als auch in manchen
Ausdrücken eine solche Annahme rechtfertigen[4].

Allein wenn er andererseits so entschieden eine geistige
Auffassung des Geheimnisses verlangt, wenn er in der Eucharistie so nachdrücklich Bild und Wahrheit unterscheidet und
Christi Leib nur mystice, wenn auch wirklich zugegen sein lässt,
wenn er von einem fleischlichen Genusse in der Eucharistie
nichts wissen will, dagegen stets den geistigen betont und das

---

[1] De corp. 1, 2, Migne 120, 1269: Non alia plane (sc. caro) quam
quae nata est de Maria et passa in cruce et resurrexit de sepulchro
(Ambros.). Haec, inquam, ipsa est et ideo Christi est caro, quae pro
mundi vita adhuc hodie offertur. De corp. 4, 3, Migne 120, 1279: Vere
crede et hoc quod conficitur in verbo Christi per Spiritum sanctum
corpus ipsius esse ex Virgine. Diese beiden Stellen hat Rhabanus wörtlich, aber ohne das plane in der ersten Stelle. Sonst vgl. noch De corp.
12, 1, Migne 120, 1310; De corp. 15, 8, Migne 120, 1323; De corp. 21, 9,
Migne 120, 1340: In ipsam eandemque carnem et sanguinem, quam beata
Virgo eiusdem Spiritus virtute et operatione concepit et peperit, dubitat
posse converti.
[2] De corp. 4, 1, Migne 120, 1277.
[3] De corp. 7, 1 f., Migne 120, 1284 f.
[4] Näheres s. oben S. 59 Anm. 3.

Altarssacrament als spiritalis esca et potus bezeichnet, wenn er
den eucharistischen Leib spiritalis Christi caro, spiritale corpus
nennt, wenn er schliesslich immer wieder darauf hinweist, dass
Christus, obwohl täglich im Sacramente genossen, doch unversehrt bleibe[1]: so bleibt allerdings der Widerspruch, den Rhabanus ihm vorwirft, bestehen, es gewinnt aber die Vermuthung
viel für sich, dass die eigentliche Meinung des Paschasius die
gewesen sei, welche einen Unterschied zwischen dem eucharistischen und dem historischen Leibe Christi statuirt. Thatsächlich unterscheidet er ja auch einen dreifachen Leib Christi.
Aber die Wundererzählungen mit ihren verfänglichen
Ausdrücken und das Non alia plane caro etc.? In den Wundererzählungen zeigt sich Paschasius so recht als ein Kind seiner
Zeit. Bach[2] hat mit Recht darauf hingewiesen, dass ein grosser
Theil der Wundererzählungen der damaligen Zeit und vielleicht
auch der Glaube daran von der Voraussetzung ausging, dass
das Sacrament der sinnlich-leibliche Christus sei. Paschasius
erzählt die Wunder, um zu beweisen, dass Christus wirklich
im Sacramente zugegen sei. Er erzählt sie, wie sie damals im
Munde des Volkes lebten. Wenn auch nicht zu billigen, so
ist es doch zu erklären, dass dabei Worte und Ausdrücke mit
unterliefen, welche vor dem Forum einer strengen Wissenschaft
nicht Stand zu halten vermögen[3].

Was sodann die Ausdrücke Non alia plane u. ä. betrifft,
so scheinen diese aus dem Streben hervorgegangen zu sein, die
wirkliche Gegenwart des Leibes und Blutes Christi im Altarssacramente in einer Weise auszusprechen, dass eine Missdeutung
unmöglich war. Dass er damit die totale Identität des eucharistischen und des natürlichen Leibes Christi behaupten wollte,
ist wenig wahrscheinlich, da er selbst einen dreifachen Leib
Christi unterscheidet und sich im ganzen Buche keine einzige
Stelle findet, die gegen die Vertheidiger des dreifachen Leibes
Christi polemisirte.

Wenn wir somit auch sagen müssen, dass eine sachliche
Differenz zwischen den beiden Männern nicht bestand und dass

---

[1] Näheres s. oben S. 60 ff.
[2] Dogmengeschichte Bd. I, S. 167.
[3] Vgl. übrigens S. Thom. Sum. theol. 3, 76, 8.

die Kritik des Rhabanus auf einseitiger Premirung einzelner
Ausdrücke des Paschasius ohne Beachtung der Correctivstellen
beruhte, so ist doch Paschasius von der Schuld nicht freizu-
sprechen, Ausdrücke gebraucht zu haben, welche falscher Auffassung nicht nur fähig waren, sondern sie geradezu heraus-
forderten. Seine Lehre von dem Verhältnisse des eucharistischen
zum historischen Leibe Christi weist eine Lücke auf, die zu
irrigen Anschauungen nur zu leicht Anlass geben konnte.
Rhabanus aber hat das Verdienst, durch seine Distinction von
der Einheit des Wesens und der Mannigfaltigkeit der Erscheinungsform des Leibes Christi ergänzend eingetreten zu sein und
der Speculation den rechten Weg gewiesen zu haben.

Es ist fraglich, ob die Kritik des Rhabanus dem Paschasius
bekannt geworden ist. Aus des letzteren Briefe an Frudegard
lässt sich das wenigstens nicht beweisen. Paschasius steht hier
noch auf demselben Standpunkte wie in seinem Hauptwerke.
Dem Wortlaute nach betont er wieder die totale Identität des
eucharistischen und des natürlichen Leibes Christi, erklärt aber
auch, dass der eucharistische Christus theilweise im Bilde genossen werde[1]. Auf die Distinction des Rhabanus aber geht
er in keiner Weise ein, weder abweisend noch zustimmend.
Die Bitte Radberts an Frudegard, „ne sequaris ineptias de
bipartito Christi corpore“,[2] steht dem nicht entgegen. Sie bezieht sich auf die phantastische Lehre des Amalarius von Metz,
welche die Synode von Quiercy 838 censurirt hatte[3]. Amalars
Ansichten waren wirklich ineptiae und deliramenta; die Lehre

---

[1] Ep. ad Frud., Migne 120, 1352: Si quis dicit hanc carnem et
hunc sanguinem sic ipsa esse absque mysterio et sacramento nec in
figura ex parte sumendam, ut illi carnales carnaliter sapientes senserunt,
totum dissipat.

[2] Ep. ad Frud. (Sent. Cath. Patr.), Migne 120, 1365.

[3] Amalarius unterschied einen dreifachen Leib Christi: den Leib,
den der Herr selbst angenommen; den, welchen er in uns habe, so lange
wir leben, und den, welchen er in den Verstorbenen habe. Deshalb
müsse die Hostie in drei Theile zerlegt werden. Der Theil, welcher in
den Kelch geworfen wird, sei der Leib, welchen Christus selbst trug;
die Partikel auf der Patene sei der Leib Christi in den Lebenden, die
Partikel auf dem Altare sei der Leib Christi in den Verstorbenen (Hefele,
Conciliengeschichte, Bd. IV, S. 83).

des Rhabanus dagegen fand ihre Stütze in den Vätern, wie ja auch Paschasius selbst im Hauptwerke Augustins Lehre von dem dreifachen Leibe Christi dargestellt und gebilligt hatte. Wir kommen zu dem zweiten Vorwurfe des Rhabanus, nämlich Paschasius lehre, Christus leide stets von neuem, so oft die hl. Messe gefeiert werde. Der Anonymus Cellotianus will eine solche Behauptung bei Paschasius nicht gefunden haben [1]. Auch Mabillon [2] ist dieser Ansicht und meint, Rhabanus habe das nur indirect aus den Worten des Paschasius und besonders aus seiner Identitätslehre geschlossen. Das wäre allerdings möglich gewesen. Wir haben ja gesehen, dass man die Identitätslehre des Paschasius sowie auch manche seiner Worte und Ausdrücke so auffassen kann, dass aus ihnen die Annahme einer sinnlich-leiblichen Präsenz Christi und damit einer beständigen Erneuerung seines Leidens und Sterbens mit Nothwendigkeit folgt. Allein Rhabanus brauchte seinen Vorwurf nicht auf blossen Folgerungen aufzubauen. Es findet sich in der That wörtlich die Behauptung bei Paschasius, welche Rhabanus erwähnt. Nach einer der Wundererzählungen heisst es nämlich: „Is qui in se resurgens a mortuis iam non moritur, adhuc per hanc (sc. hostiam) in suo mysterio pro nobis iterum patitur. Nam quoties ei hostiam suae passionis offerimus, toties nobis ad absolutionem nostram passionem illius reparamus [3]. Muss der Satz nothwendig im Sinne des Rhabanus genommen werden? Wir glauben nicht. Die Bemerkung, dass der auferstandene Christus nicht mehr sterbe, lässt sich schwer mit dem fortgesetzten Leiden desselben Christus im Sacramente vereinigen. Auch zeigt die ganze Auffassung des Paschasius von der Natur des eucharistischen Leibes [4], dass ihm ein Gedanke, wie ihn Rhabanus ihm zuschreibt, vollständig ferne lag, und dass er das pati nicht von einem wirklichen, sondern von einem

---

[1] Anon. Cellot., De corp et sang. Dom. n. 8, Migne 139, 187: Quod autem iterum obiiciunt „toties Christum pati quoties missas contingat quotidie ubique celebrari" ego certe in libro eius (sc. Paschasii) non reperi.

[2] Acta SS. Ord. S. Bened. l. c. S. 592, auch abgedruckt bei Migne 112, 1512 Anm.

[3] De corp. 9, 11, Migne 120, 1302.

[4] S. oben S. 60 ff.

mystischen Leiden, einem pati in sacramento, in mysterio versteht, wie er denn auch später an Frudegard schreibt: „Nec illud reiteratur in facto, ut moriatur Christus, sed immolatur pro nobis quotidie in mysterio."[1]

III.

Ratramnus und Paschasius Radbertus.

Ratramnus oder Bertramus war Mönch in Alt-Korvey, also Radberts Ordensgenosse. Ueber sein Leben wissen wir so viel wie nichts. Wie seine Schriften zeigen, war er ein scharfsinniger Kopf. In den theologischen Streitigkeiten des 9. Jahrhunderts über die Geburt Christi aus Maria und über die Prädestination nahm er theilweise eine andere Stellung ein als sein Abt Paschasius. Für sein hohes Ansehen spricht die Thatsache, dass ihn die gallischen Bischöfe mit der Widerlegung der Irrthümer des Patriarchen Photius beauftragten. So schrieb er sein gediegenstes Werk: die 4 Bücher Contra Graecorum opposita[2]. Ueber seine Abendmahlslehre, besonders über seine Stellung zur realen Präsenz und zur Transsubstantiation gehen die Meinungen sehr auseinander. Während die Magdeburger Centuriatoren in seiner Schrift De corpore et sanguine Domini[3] Spuren der Transsubstantiation fanden[4], kam man nicht nur protestantischerseits, sondern auch vielfach auf katholischer Seite

---

[1] Ep. ad Frud., Migne 120, 1355.

[2] Migne 121, 223.

[3] Ueber die Autorschaft dieses Werkes ist viel gestritten. Manche wollten es dem Scotus Erigena zuschreiben. Auf dem Concil von Vercelli 1050 soll es verdammt und verbrannt sein (vgl. Schwane, Dogmengeschichte der mittleren Zeit S. 630 f. und Herzog, Realencyklopädie, Art. Ratramnus). Die Censoren des Concils von Trient setzten es 1559 auf den Index, ebenso verwarf es Papst Clemens VIII. als häretisch. Beide Verurtheilungen bezogen sich auf den corrumpirten Text des Buches, wie er 1532 zu polemischen Zwecken von protestantischen Gelehrten hergestellt war. Gegenwärtig steht das Buch nicht mehr auf dem Index, und muss es als erwiesen angesehen werden, dass es von Ratramnus verfasst ist. Näheres Bach, Dogmengeschichte S. 191 ff.

[4] Cent. Magdeb. cent. 9. c. De doctr.: Transsubstantiationis habet semina Bertramus. Utitur enim vocabulis mutationis et conversionis.

zu dem Resultate, Ratramnus habe sich gegen die Transsubstantiation ausgesprochen oder doch so, dass seine Lehre höchst
verdächtig sein müsse. So ist denn nach protestantischer Darstellung Ratramnus der Gegner, ja geradezu der Antipode des
Paschasius nicht nur in den Nebenfragen, sondern vor allem
in dem eucharistischen Hauptdogma.

Es ist wahr, Ratramnus hat eine Kritik an der Abend-
mahlsschrift Radberts geübt. Aber worauf erstreckte sich diese
Kritik? Die Darlegung des Inhaltes des Ratramnischen Werkes
De corpore et sanguine Domini wird zeigen, dass Ratramnus
in der Lehre von der realen Präsenz und der Transsubstantiation
vollständig mit Paschasius übereinstimmte, dass also hierin die
beiden Männer keine Gegner gewesen sein können, vielmehr
wird sich ihre so sehr aufgebauschte Gegnerschaft auf ein
Minimum von Differenz in Nebenfragen reduciren.

Gleich der Eingang des Ratramnischen Buches zeigt deutlich, dass nicht eine abweichende Ansicht über die reale Präsenz
und die Transsubstantiation dem Verfasser die Feder in die
Hand gedrückt hat. König Karl der Kahle hat ihn aufgefor-
dert, über das Mysterium des Leibes und Blutes Christi seine
Meinung abzugeben[1]. Soll er für oder gegen die reale Präsenz
und die Transsubstantiation schreiben? Die Erklärung des Ratramnus, wie der König zu seinem Ansinnen komme, besagt
das durchaus nicht. Es hat sich vielmehr ein Streit über das
Messopfer erhoben, indem die einen sagen, quod nulla sub figura,
nulla sub obvelatione fiat, sed ipsius veritatis nuda manifesta-
tione peragatur; andere dagegen, quod haec sub mysterii figura
contineantur et aliud sit, quod corporis sensibus appareat, aliud
autem quod fides aspiciat[2]. Der Gegenstand, über den der
König Aufklärung wünscht, wird dann näher bestimmt mit den
Worten: Quod in Ecclesia ore fidelium sumitur, corpus et sanguis
Christi, quaerit vestrae magnitudinis excellentia, in mysterio fiat an
in veritate[3]. Sofort zerlegt Ratramnus die Frage in zwei Theile:

---

[1] Ratr. De corp. n. 1, Migne 121, 125: Iussisti, gloriose princeps,
ut quid de sanguinis et corporis Christi mysterio sentiam vestrae magni-
ficentiae significem.

[2] Ratr. De corp. n. 2, Migne 121, 128 f.

[3] De corp. n. 5, Migne 121, 129.

1. utrum aliquid secreti contineat, quod oculis solummodo fidei pateat an sine cuiuscunque velatione mysterii hoc aspectus intueatur corporis exterius, quod mentis visus aspiciat interius, ut totum quod agitur in manifestationis luce clarescat, und

2. utrum ipsum corpus, quod de Maria natum est et passum, mortuum et sepultum quodque resurgens et in coelos ascendens ad dexteram Patris consideat[1].

Der Sinn der beiden Fragen ist klar. Die reale Präsenz oder die Thatsache, dass die Eucharistie, „welche mit dem Munde genossen wird, Christi Fleisch und Blut"[2] sind, wird vom Fragenden und Antwortenden vorausgesetzt. Es beziehen sich die Fragen auf das Wie dieser Präsenz (in mysterio fiat an in veritate). Mit andern Worten ausgedrückt lautet die Doppelfrage:

1. In welchem Verhältnisse steht der eucharistische Leib zu den Gestalten? Ist das, was wir sehen, der Leib Christi oder ist er unseren Sinnesaugen verborgen? und

2. In welchem Verhältnisse steht der eucharistische zu dem historischen Leibe Christi? Ist ersterer mit letzterem identisch?

Ehe Ratramnus zur Beantwortung der beiden Fragen übergeht, definirt er die Begriffe figura und veritas. Figura, sagt er, est obumbratio quaedam, quibusdam velaminibus quod intendit ostendens[3]. Veritas dagegen definirt er als rei manifesta demonstratio nullis umbrarum imaginibus obvelatae, sed puris et apertis, utque planius eloquamur, naturalibus significationibus insinuatae[4].

Offenbar stehen hier figura und veritas im Gegensatze. Das wird auch zugegeben. Es soll aber veritas identisch sein mit realitas und demgemäss figura den Sinn von Bild oder Zeichen haben. Da nun beim Bild die versinnbildete Sache selbst nicht zugegen ist, so würden Ausdrücke bei Ratramnus wie: in figura, sub figura, figurate, non in veritate sei Christi

---

[1] De corp. n. 5, Migne 121, 129 f.

[2] De corp. n. 5, Migne 121, 129: Quod in Ecclesia ore fidelium sumitur, corpus et sanguis Christi etc.

[3] De corp. n. 7, Migne 121, 130.

[4] De corp. n. 8, Migne 121, 130.

Leib in der Eucharistie zugegen, die reale Präsenz ausschliessen.
Allein bereits Mabillon[1] hat den Calvinisten gegenüber nachgewiesen, dass veritas und realitas bei Ratramnus durchaus nicht
identisch sind, und dass demnach figura nicht der Gegensatz
von realitas ist. Zwar können die Ausdrücke realitas und
veritas sowohl von sinnlicher, sichtbarer als auch von nicht-
sinnlicher, unsichtbarer Realität gebraucht werden und werden
gewöhnlich so gebraucht. Allein hier kommt es darauf an,
welchen Sinn Ratramnus dem Worte veritas beilegt. Er bezeichnet nun die veritas als eine manifesta demonstratio, als
eine nuda und aperta significatio[2], also nicht als eine demonstratio, significatio schlechthin, sei es durch Erklärung, Symbole u. dgl., sondern als eine manifesta, nuda et aperta d. h.
eine solche, welche die Sache selbst zeigt, durch kein Bild verhüllt. Die veritas schliesst demnach jede Verhüllung (velamen)
aus und bildet in diesem Sinne den Gegensatz zur figura, die
jenes velamen verlangt und durch dasselbe die innere, verborgene
Wirklichkeit uns anzeigt. Ratramnus gebraucht also figura für
die den Sinnen nicht zugängliche, ihnen verhüllte Daseinsweise,
nicht in der Bedeutung von Symbol, Bild; veritas aber für die
den Sinnen zugängliche, unverhüllte Daseinsweise oder mit
andern Worten: „Figur ist die äussere Hülle der innern, verborgenen Wirklichkeit, die in ihr liegt; Wahrheit (veritas) ist
die klare, unverhüllte Darlegung."[3]

Nach Feststellung der Begriffe geht nun Ratramnus zur
Beantwortung der ersten Frage über. Er entscheidet sich gegen
diejenigen, welche behaupten, das Geheimniss der Eucharistie
vollziehe sich sub nulla figura. Er bringt für seine Ansicht
eine Reihe von Beweisen vor, welche zum Theil die reale Präsenz
und die Transsubstantiation voraussetzen und ohne dieselbe unverständlich und nichtssagend sind.

Der erste Beweis geht aus von dem Wesen der Eucharistie
als eines Geheimnisses. Soll die Eucharistie Geheimniss sein,

---

[1] Acta SS. Ord. S. Bened. l. c. n. 96 ff.
[2] De corp. n. 8, Migne 121, 130: Superius vero veritas in narratione
monstratur, i. e. nuda et aperta significatio.
[3] Bach, Dogmengeschichte, Bd. I, S. 199.

so muss es in ihr etwas Verborgenes, den Sinnen Entrücktes, durch irgend eine Hülle Verdecktes geben. Dieses Verborgene ist der Leib und das Blut Christi. Brod und Wein nehmen die Sinne wahr, Christi Fleisch und Blut aber ist ihnen verborgen unter der Hülle von Brod und Wein. Also: Panis ille vinumque figurate Christi corpus et sanguis existit, d. h. Brod und Wein sind die Hülle des Leibes und Blutes Christi[1]. Der zweite Beweis gründet sich auf die Art und Weise der eucharistischen Verwandlung. Ratramnus unterscheidet eine dreifache Verwandlung: ex eo quod non est in id quod est, ex eo quod est in id quod non est und ex eo quod est in id quod est. Nun meint Ratramnus, die Gegner d. h. diejenigen, welche die äussere Erscheinungsform der Eucharistie für den Leib Christi selbst und nicht bloss für dessen Hülle (figura) halten, demgemäss die Eucharistie nur in veritatis simplicitate nehmen[2], müssten consequent jede Verwandlung läugnen: die erste, weil die generatio (ex eo quod non est in id quod est) einen negativen terminus a quo haben muss, Brod und Wein aber schon früher da waren, ehe sie in das Sacrament des Leibes und Blutes Christi übergingen; die zweite nicht, quoniam secundum veritatem species creaturae quae fuerat ante permansisse cognoscitur[3]; die dritte nicht, weil überhaupt keine Veränderung für die Sinne stattgefunden hat. Si ergo, fährt er fort und bekundet damit unwiderleglich seinen Glauben an die Transsubstantiation, nihil est hic mutatum, non est aliud quam ante fuit. Est autem aliud, quoniam panis corpus et vinum sanguis Christi facta sunt. Sic enim ipse ait: Accipite et comedite etc.[4] Mögen also die Gegner sagen, in-

---

[1] De corp. n. 9 f., Migne 121, 131. Die nähere Ausführung dieses Beweises enthält fast in jedem Satze Zeugnisse für die reale Präsenz und die Transsubstantiation, z. B. Panis qui per sacerdotis ministerium Christi corpus conficitur etc. — Exterius quidem panis quod ante fuerat forma practenditur .... ast interius longe aliud .... intimatur, quia coeleste, quia divinum, i. e. Christi corpus ostenditur. — Post mysticam consecrationem nec panis iam dicitur nec vinum, sed Christi corpus et sanguis.
[2] De corp. n. 12, Migne 121, 132 und De corp. n. 14, Migne 121, 133.
[3] De corp. n. 12, Migne 121, 132 f.
[4] De corp. n. 13, Migne 121, 133.

wiefern denn eine Wandlung eingetreten sei, so dass die Abend-
mahlsgegenstände jetzt nicht mehr das sind, was sie vorher
gewesen, nämlich Brod und Wein, sondern Christi Leib und
Blut[1]. Eine innerliche Verwandlung können sie nicht annehmen, weil nach ihnen alles in sichtbarer, sinnenfälliger
Weise geschieht; eine äusserliche nicht, weil die Gestalten sich
nicht geändert haben. Sie verwickeln sich in einen Widerspruch. Denn sie bekennen, dass Christi Leib und Blut zugegen sei, und gestehen damit, dass Brod und Wein nicht mehr
das sind, was sie vorher waren[2]. Sie müssen also zugeben,
dass eine Veränderung eingetreten ist secundum aliud quam
secundum corpus (der äusseren Erscheinung nach). Dann ist
nicht das vorhanden, was in die Sinne fällt, sondern etwas
anderes, was nicht in die Sinne fällt. Wollen sie dies nicht
zugeben (und sie können es nicht, wenn sie consequent sein
wollen), so sind sie gezwungen zu läugnen, dass Christi Leib
und Blut zugegen sei — ein Frevel nicht nur solches
zu sagen, sondern auch nur zu denken[3]. Indessen, schliesst
Ratramnus, die Präsenz des Leibes und Blutes Christi wird zugegeben und zwar infolge eingetretener Verwandlung[4]. Diese
Verwandlung ist aber nicht körperlich (corporaliter, sinnenfällig),
sondern geistig (spiritualiter, den Sinnen verborgen) vor sich
gegangen. Also ist sie verhüllt (figurate) erfolgt. Ratramnus
spricht dann ähnlich wie Paschasius vom spirituale corpus spiri-
tualisque sanguis, die unter der Hülle des körperlichen d. h.
des sinnenfälligen Brodes und Weines verborgen sind, verwahrt
sich aber ausdrücklich dagegen, als ob in der Eucharistie zwei
unter sich verschiedene Wesenheiten zugegen seien, nämlich

---

[1] De corp. n. 14, Migne 121, 133: Ut non iam sint quod ante
fuerunt, videlicet panis et vinum, sed sint corpus atque sanguis Christi.
[2] De corp. n. 15, Migne 121, 134: Corpus etenim sanguinemque
Christi fideliter confitentur: et cum hoc faciunt non hoc iam esse quod
prius fuere procul dubio protestantur.
[3] De corp. n. 15, Migne 121, 134: Compelluntur negare corpus esse
sanguinemque Christi, quod nefas est non solum dicere verum etiam
cogitare.
[4] De corp. n. 16, Migne 121, 134: At quia confitentur et corpus et
sanguinem Dei esse nec hoc esse potuisse nisi facta in melius commu-
tatione etc.

die der Gestalten und die des Leibes Christi; vielmehr erscheine
ein und derselbe Gegenstand (die Eucharistie) in einer Hinsicht
als die Gestalt des Brodes und Weines, in einer andern aber
als der Leib und das Blut Christi[1].
Der dritte Beweis besteht aus Analogiebeweisen und ist deshalb nicht in allen Einzelheiten zu urgiren. Ratramnus weist
zunächst auf das Taufwasser hin. In ihm ist ein Doppeltes
zu unterscheiden: das, was die Sinne wahrnehmen, das elemen-
tum fluidum, und das, was allein der Glaube schaut, die innere,
heiligende, durch die Weihe des Priesters hinzugekommene Kraft.
So ist auch bei der Eucharistie ein sichtbares und ein unsichtbares
Element zu unterscheiden. Non sunt idem quod cernuntur et
quod creduntur[2]. — Von dem Meere und der Wolkensäule sagt
der Apostel, dass die Israeliten in ihnen getauft seien. Beide
hatten dieses Vermögen nicht in sich, so weit sie Elemente
waren, sondern nur kraft der unsichtbaren Heiligung durch den
hl. Geist. Es ist in ihnen nämlich zu unterscheiden zwischen
der sichtbaren Gestalt, die den Sinnen zugänglich und nicht
unter einer Hülle verborgen war, sondern in unverhüllter Wirklichkeit sich darbot, und der innern geistigen Kraft, die nicht
den fleischlichen Augen, sondern nur dem Lichte des Glaubens
erkennbar war[3]. — Ebenso waren das Manna und das Wasser
aus dem Felsen körperliche Dinge, aber in ihnen war die
geistige Kraft des Logos, welche mehr die Seelen als die Leiber
der Gläubigen speisen und tränken sollte[4]. Wie Paschasius,
so behauptet auch Ratramnus, den Apostel Paulus falsch ver-
stehend, die Israeliten hätten im Manna dieselbe geistige Speise
genossen und im Wasser aus dem Felsen denselben geistigen
Trank getrunken wie wir in der hl. Communion. Denn es

---

[1] De corp. n. 16, Migne 121, 135: Non quod duarum sint existen-
tiae rerum inter se diversarum, corporis videlicet et spiritus, verum una
eademque res secundum aliud species panis et vini consistit, secundum
aliud autem corpus est et sanguis Christi.

[2] De corp. n. 17 ff., Migne 121, 136.

[3] De corp. n. 21, Migne 121, 137: Erat namque in eis visibilis forma,
quae corporeis sensibus appareret, non in imagine, sed in veritate; et
interius spiritualis potentia refulgebat, quae non carnis oculis, sed mentis
luminibus appareret.

[4] De corp. n. 22, Migne 121, 137.

sei ein und derselbe Christus, welcher die im Meere und in der Wolkensäule getauften Israeliten damals mit seinem Fleische gespeist und mit seinem Blute getränkt habe und der jetzt in der Kirche die Gläubigen mit dem Brode seines Fleisches und mit dem Strome seines Blutes speise und tränke[1]. Das sei freilich unbegreiflich. Aber nicht nach dem Wie sei zu forschen, sondern der Glaube habe die Thatsache anzunehmen. Denn derselbe, welcher jetzt in der Kirche durch seine allmächtige Kraft Brod und Wein in das Fleisch seines Leibes und in den Strom seines eigenen Blutes geistiger Weise verwandle, habe damals auch das Manna zu seinem Leibe und das Wasser aus dem Felsen zu seinem eigenen Blute unsichtbarer Weise gemacht[2]. Kein Christ werde zweifeln, dass bei den Einsetzungsworten das Brod Christi Leib geworden sei, auch nicht zweifeln, dass der Kelch Christi Blut enthalten habe[3]. Wie Christus also, bevor er litt, die Substanz des Brodes und die Creatur des Weines in seinen eigenen Leib, der noch leiden sollte, und in sein Blut, das noch vergossen werden sollte, habe verwandeln können, so habe er auch das Manna und das Wasser aus dem Felsen in sein Fleisch und Blut zu verwandeln vermocht, obwohl erst lange nachher sein Fleisch für uns habe am Kreuze hängen

---

[1] De corp. n. 23, Migne 121, 138: Non enim licet diversam intellegi, quoniam unus idemque Christus est, qui et populum in deserto, in nube et in mari baptizatum, sua carne pavit, suo sanguine tunc potavit et in Ecclesia nunc credentium populum sui corporis pane, sui sanguinis unda pascit atque potat. Aehnlich De corp. n. 24, Migne 121, 138: Ut intellegeremus in deserto Christum in spirituali petra constitisse et sui sanguinis undam populo praebuisse, qui postea corpus de Virgine sumptum et pro salute credentium in cruce suspensum nostris oculis exhibuit et ex eo sanguinis undam effudit, quo non solum redimeremur, verum etiam potaremur.

[2] De corp. n. 25, Migne 121, 138: Non isthic ratio qua fieri potuerit disquirenda, sed fides quod factum sit adhibenda. Ipse namque qui nunc in Ecclesia omnipotenti virtute panem et vinum in sui corporis carnem et proprii cruoris undam spiritualiter convertit, ipse tunc quoque manna de coelo datum corpus suum et aquam de petra profusam proprium sanguinem invisibiliter operatus est.

[3] De corp. n. 28, Migne 121, 139: Non enim putamus ullum fidelem dubitare panem illum fuisse Christi corpus effectum . . . . ; sed neque calicem dubitare sanguinem Christi continere etc.

und sein Blut zu unserer Versöhnung habe vergossen werden
sollen [1].

Aus diesen Analogiebeweisen einen Schluss auf die Stellung
des Ratramnus zur realen Präsenz und zur Transsubstantiation
und zwar in negativem Sinne zu machen, ist freilich oft versucht worden, zeugt aber von einer gänzlichen Verkennung der
Thesis, welche Ratramnus beweisen will. Ratramnus argumentirt weder für noch gegen die reale Präsenz und die Transsubstantiation; er untersucht vielmehr die Frage, ob in der Eucharistie alles sichtbar, sinnenfällig sei oder ob man an ihr das
sichtbare Aeussere und den unsichtbaren Inhalt unterscheiden
müsse. Darnach können die Vergleiche nicht die Art und
Weise der Verwandlung, welche in der Eucharistie einerseits
und dem Taufwasser u. s. w. andererseits sich vollzogen hat,
zum Gegenstand haben, sondern nur die Unterscheidung zwischen
der sichtbaren Erscheinung und dem unsichtbaren Inhalte, die
gleichmässig bei den mit einander verglichenen Dingen zu
machen ist. Ob dieser unsichtbare Inhalt etwas Reales oder
nur irgend eine Kraft ist, mit andern Worten, ob eine substantielle oder nur eine accidentelle Veränderung stattgefunden
hat, ist für die Beweiskraft jener Vergleiche belanglos.

Allerdings enthalten die Vergleiche Behauptungen, welche
nicht nur höchst sonderbar und bedenklich, sondern geradezu
falsch sind. Wenn Ratramnus meint, die Israeliten seien in
der Wolke und im Meere wirklich getauft worden; wenn er
ganz entschieden der Ansicht ist, die Israeliten hätten im Manna
und im Wasser aus dem Felsen den wirklichen Leib und das
wirkliche Blut Christi genossen, das Manna sei also in den noch
gar nicht existirenden Leib Christi verwandelt worden, und wenn
er diese Ansicht nicht nur in den schärfsten Ausdrücken ausspricht, sondern sie auch zu beweisen sucht: so sind das Hypo-

---

[1] De corp. n. 28, Migne 121, 139 f.: Sicut ergo paullo ante quam
pateretur, panis substantiam et vini creaturam convertere potuit in proprium corpus quod passurum erat et in suum sanguinem qui post fundendus exstabat: sic etiam in deserto manna et aquam de petra in suam
carnem et sanguinem convertere praevaluit, quamvis longe post et caro
illius pro nobis in cruce pendenda et sanguis eius in ablutionem nostram
fundendus superabat.

thesen, die zwar in dem damals nicht seltenen Missverständnisse der Worte des hl. Paulus (1 Cor. 10, 1—4)[1] ihre Erklärung finden, aber deshalb nicht weniger unhaltbar sind. Aber deshalb ist es durchaus noch nicht gerechtfertigt, den Ratramnus zu einem Läugner der realen Präsenz und der Transsubstantiation zu machen. Wenn Ratramnus die symbolische Taufe der Israeliten in der Wolke und im Meere auf Eine Stufe stellt mit der Taufe im Christenthume, so kommt offenbar die reale Präsenz dabei gar nicht in Betracht. Mit einem Scheine von Berechtigung könnte man aber auf Grund des zweiten Irrthumes die Einwendung machen: Nach Ratramnus empfingen die Israeliten im Manna dasselbe, was wir Christen in der Eucharistie erhalten, nämlich Christi Leib. Nun aber haben die Israeliten Christi Leib nicht in Wirklichkeit, sondern nur im Symbole, im Bilde empfangen. Also empfangen auch wir Christen den Leib des Herrn nicht in Wirklichkeit, sondern nur im Symbole, im Bilde, nicht das verum corpus, sondern nur figuram vel virtutem corporis[2].

Der Syllogismus würde beweisen, was er beweisen soll, nämlich die Läugnung der realen Präsenz durch Ratramnus, wenn der Untersatz wirklich von Ratramnus gelehrt würde. Allein der Untersatz wird freilich von den Zwinglianern und Calvinisten vertreten, nicht aber von Ratramnus. Dieser behauptet gerade im Gegentheil, dass die Israeliten im Manna

---

[1] So lässt ja auch Paschasius (De corp. 5, 1, Migne 120, 1280) den Völkerapostel sagen, die Israeliten hätten dieselbe geistige Speise genossen und denselben geistigen Trank getrunken wie wir. In Wirklichkeit sagt Paulus aber nur, die Israeliten hätten sämtlich eine und dieselbe Speise gegessen und einen und denselben Trank getrunken. Von einer Identität der Speise und des Trankes der Israeliten mit unserer Speise und unserem Tranke in der hl. Communion enthalten die Worte nichts. Uebrigens vertritt Paschasius durchaus nicht die Meinung des Ratramnus, als sei Christi Leib wirklich im Manna zugegen gewesen. Die Israeliten haben freilich auch nach ihm im Manna und im Wasser aus dem Felsen dasselbe empfangen wie wir in der hl. Communion; aber er macht sofort die ganz richtige Distinction: in praefiguratione idem . . . . sed non idem in adimpletione veritatis. Vgl. De corp. 5, 3, Migne 120, 1281: Idem necdum in re, sed in specie ac figura.

[2] Vgl. Mabill., Acta l. c. n. 112.

Christi Leib in Wirklichkeit, nicht aber bloss im Symbole, im
Bilde empfangen hätten. Soll desbalb der Syllogismus die Lehre
des Ratramnus correct wiedergeben, so ist er folgendermassen
zu formuliren: Nach Ratramnus empfingen die Israeliten im
Manna dasselbe, was wir in der hl. Communion erhalten, nämlich Christi Leib. Nun aber lehrt Ratramnus weiter, dass die
Israeliten Christi Leib in Wirklichkeit empfangen haben und
nicht bloss im Symbole, im Bilde. Also lehrte er, dass auch
wir Christen den Leib des Herrn in Wirklichkeit empfangen
und nicht bloss im Symbole, im Bilde. Aus dem Vergleiche
mit dem Manna folgt also das gerade Gegentheil der Läugnung
der realen Präsenz. Es liegt darin ebensowenig eine Läugnung
der Realität der Eucharistie, wie im Vergleiche mit der Wolke
und dem Meere jemand die Realität der christlichen Taufe
negirt finden wird.

An vierter Stelle beruft sich Ratramnus auf die Verheissungs-
worte. In ihnen hat Christus nichts davon gesagt, dass sein
Fleisch stückweise zerschnitten und von den Jüngern gegessen
werden solle. So verstanden allerdings viele Jünger seine Worte.
Aber der Herr hat ihnen geantwortet: Dieses ärgert euch?
Wie aber, wenn ihr den Menschensohn dorthin werdet auffahren sehen, wo er zuvor war? Damit wollte er sagen: Glaubet
nicht, dass ich euch stückweise mein Fleisch und Blut körperlich zum Essen und Trinken geben werde. Denn nach meiner
Auferstehung werdet ihr mich mit meinem ganzen, unversehrten
Leibe und Blute zum Himmel auffahren sehen. Dann werdet
ihr erkennen, dass nicht so, wie die Ungläubigen meinen, mein
Fleisch von den Gläubigen zu geniessen sei, sed vere per
mysterium panem et vinum in corporis et sanguinis mei conversa substantiam a credentibus sumenda [1].

Schliesslich beruft sich Ratramnus gegen diejenigen, welche
sagen, non in figura, sed in veritate ista fieri [2], noch auf die
Väter. An erster Stelle citirt er die uns schon bekannten Sätze

---

[1] De corp. n. 30, Migne 121, 140. Der Beweis liegt in dem per
mysterium, das hier in der Bedeutung von figura steht als Gegensatz
zur veritas, beide Worte natürlich im oben entwickelten Sinne des Ratramnus gefasst.

[2] De corp. n. 32, Migne 121, 141.

aus Augustins Werke De doctr. christ. l. III. c. 16 und aus
dessen Briefe an den Bischof Bonifatius. Er erklärt sie im
wesentlichen wie Paschasius. Augustin will mit ihnen die
kapharnaitische Ansicht ausschliessen. Er unterscheidet zwischen
dem Sichtbaren in der Eucharistie, das er sacramentum nennt,
und dem Unsichtbaren, das er als res sacramenti bezeichnet.
Dieses Unsichtbare ist nichts anderes als Christi Leib, der am
Kreuze gelitten hat. Christus hat sich zwar nur einmal für
die Sünden des Volkes geopfert; indessen wird eben dieses
Opfer doch noch täglich gefeiert, aber in mysterio. Von einem
Leiden Christi in der hl. Messe kann deshalb nicht die Rede
sein; jedoch kann man auch wieder ganz richtig sagen, dass
Christus in der hl. Messe geopfert werde oder leide, da ja das
Messopfer die Repräsentation seines Leidens und Sterbens ist[1].
Wie Augustin so sieht auch Isidor[2] im Messopfer ein Andenken an das Leiden des Herrn, eine stete Repräsentation des
einmal erfolgten Leidens Christi[3]. Aber es ist ihm auch Christi
Leib und Blut zugegen und zwar infolge einer unsichtbaren
Wirkung des Geistes Gottes (operante invisibiliter Spiritu Dei).
der aus den Früchten der Erde Christi Leib und Blut consecrirt und das Sacrament bereitet[4]. Das aus den Früchten
der Erde bereitete Brod wird also in den Leib Christi verwandelt und ebenso wird der aus der Traube geflossene Wein
durch die Consecration Christi Blut; jedoch wirkt dieses der
Geist Gottes nicht sichtbarer, sondern unsichtbarer Weise[5].
Daher nennen wir jenes Brod und jenen Wein Christi Fleisch
und Blut, weil wir sie auffassen nicht nach dem, als was sie sich

---

[1] De corp. n. 40, Migne 121, 144: Nec tamen falso dicitur quod in
mysteriis illis Dominus vel immoletur vel patiatur, quoniam illius mortis
atque passionis habens similitudines, quarum existunt repraesentationes.
[2] Die Stellen, auf welche Ratramnus im folgenden sich bezieht,
finden sich bei Isidor von Sevilla, Etymol. l. VI. c. 19, Migne 82, 255.
[3] De corp. n. 41, Migne 121, 145.
[4] De corp. n. 40, Migne 121, 144.
[5] De corp. n. 42, Migne 121, 145: Unde et panis qui offertur, ex
fructibus terrae cum sit assumptus, in Christi corpus dum sanctificatur
transponitur: sicut et vinum, cum ex vite defluxerit, divini tamen sanctificatione mysterii efficitur sanguis Christi; non quidem visibiliter, sed,
sicut ait praesens doctor (Isid.), operante invisibiliter Spiritu Dei.

äusserlich zeigen, sondern nach dem, was sie durch den hl. Geist innerlich geworden sind[1]. Dass man in der Eucharistie zwischen der sichtbaren Erscheinung und dem unsichtbaren Inhalte unterscheiden müsse, ergibt sich endlich aus dem Sacramentsbegriffe, wie Isidor ihn festsetzt. Darnach enthält jedes Sacrament etwas Verborgenes (aliquid secreti) und ist etwas anderes das, was in die äussere Erscheinung tritt, etwas anderes das, was unter dieser sichtbaren Hülle verborgen ist[2].

„Aus alledem", so schliesst Ratramnus seine Antwort auf die erste Frage, „was bislang gesagt ist, folgt, dass Christi Leib und Blut, welche mit dem Munde der Gläubigen in der Kirche empfangen werden, dem äusseren Aussehen nach zwar „Figuren", ihrer unsichtbaren Substanz d. h. der Kraft des göttlichen Wortes nach aber wahrhaft der Leib und das Blut Christi sind."[3]

Die Beantwortung der zweiten Frage, ob nämlich der von Maria geborene Leib Christi es sei, welcher mit dem Munde der Gläubigen täglich in der Kirche im Sacramente genossen werde[4], beginnt Ratramnus mit der Untersuchung, wie der hl. Ambrosius hierüber denke[5]. Ambrosius galt ja vielfach als Vertheidiger der absoluten Identität. Mit Beziehung auf ihn hatte auch Paschasius jene Stellen niedergeschrieben, die so manchen Anstoss erregt hatten. Bei der damals herrschenden Ungewissheit über die wahre Ansicht des hl. Ambrosius war es vor allem nothwendig, die Lehre dieses grossen Kirchenvaters über die Natur des eucharistischen Leibes Christi, über dessen Verhältniss zu den Gestalten einerseits und zu dem historischen Leibe Christi andererseits, klar auseinanderzusetzen.

---

[1] De corp. n. 43, Migne 121, 145. In der folgenden Nummer spricht sich Ratramnus im Sinne des Rhabanus Maurus über die Frage des Stercoranismus folgendermassen aus: Ista dicendo confitemur, quod in sacramento corporis et sanguinis Domini, quidquid exterius sumitur, ad corporis refectionem aptatur: Verbum autem Dei, qui est panis invisibiliter in illo existens sacramento, invisibiliter participatione sui fidelium mentes vivificando pascit.

[2] De corp. n. 45 ff., Migne 121, 146 f.

[3] De corp. n. 49, Migne 121, 147.

[4] De corp. n. 50, Migne 121, 147.

[5] De corp. n. 51, Migne 121, 147.

Ratramnus löst diese Aufgabe, indem er die wichtigsten auf
die Eucharistie bezüglichen Sätze aus des Ambrosius Schrift
De mysteriis aushebt und näher erklärt[1].
Nach Ambrosius, so führt Ratramnus aus, theilt die Speise,
welche wir in der Eucharistie empfangen und welche der Leib
Christi ist, das ewige Leben mit. Das vermag aber die Eucharistie, so weit sie sinnenfällig ist und wie gewöhnliche Nahrung
genossen wird, nicht. Es ist also in jenem eucharistischen
Brode etwas, was den leiblichen Augen verborgen und nur dem
Glauben zugänglich ist, und dieses ist der Leib Christi[2]. Ferner
spricht Ambrosius von einer Verwandlung, die in dem Mysterium des Leibes und Blutes Christi stattgefunden habe. Mögen
nun diejenigen, welche durchaus keine innere, verborgene Kraft
annehmen wollen, sondern alles für sichtbar halten, sagen,
worin denn hier eine Verwandlung stattgefunden habe. Aeusser-
lich hat jedenfalls keine Verwandlung stattgefunden. Denn

---

[1] Die betreffenden Stellen finden sich im 8. und 9. Kapitel der
erwähnten Schrift des hl. Ambrosius De mysteriis, Migne 16, 404 ff.
Ratramnus hat sie wörtlich. Sie lauten: Revera mirabile est quod manna
Deus pluerit patribus et quotidiano coeli pascebantur alimento. Unde
dictum est: Panem angelorum manducavit homo. Sed tamen panem
illum qui manducaverunt, omnes in deserto mortui sunt. Ista autem
esca quam accipis, iste panis vivus qui descendit de coelo vitae aeternae
substantiam subministrat; et quicunque hunc manducaverit, non morietur
in aeternum; et est corpus Christi . . . . Sermo ergo Christi, qui potuit
ex nihilo facere, quod non erat, non potest ea quae sunt in id mutare
quod non erant. Non enim minus est, novas rebus dare quam mutare
naturas . . . . Quid hic quaeris naturae ordinem in Christi corpore, cum
praeter naturam sit Dominus Iesus partus ex Virgine? Vera utique caro
Christi, quae crucifixa est, quae sepulta est: vere ergo carnis illius sacramentum est. Ipse clamat Dominus Iesus: Hoc est corpus meum . . . .
Quid edamus, quid bibamus alibi tibi per Prophetam Spiritus sanctus
expressit dicens: Gustate et videte, quoniam suavis st Dominus: beatus
vir qui sperat in eo. In illo sacramento Christus est, quia corpus est
Christi: non ergo corporalis esca, sed spiritalis est. Unde et Apostolus
de typo eius ait: Quia patres escam spiritalem manducaverunt et potum
spiritalem biberunt. Corpus enim Dei corpus est spiritale; corpus Christi
corpus est divini Spiritus; quia Spiritus Christus, ut legimus: Spiritus
ante faciem nostram Christus Dominus . . . . Denique cor nostrum esca
ista confirmat et potus iste laetificat cor hominis, ut Propheta memoravit.
[2] De corp. n. 52, Migne 121, 148.

auch nach der Consecration haben Brod und Wein ihre äussere Gestalt, welche sie vorher hatten, beibehalten. Also ist eine innerliche Verwandlung eingetreten durch die Allmacht des hl. Geistes und das, was so entstanden ist, ist nur dem Glauben erkennbar, nährt die Seele und verleiht das ewige Leben[1]. Ueberhaupt verbietet Ambrosius, im (eucharistischen) Leibe Christi die Ordnung der Natur zu suchen, da ja der Herr Jesus selbst entgegen dem gewöhnlichen Verlaufe aus der Jungfrau geboren sei. Er unterscheidet sodann näher zwischen dem historischen und dem eucharistischen Leibe Christi. Von dem Leibe Christi, welcher gekreuzigt und begraben ist, sagt er: Vera utique caro, von demjenigen dagegen, welches im Sacramente empfangen wird: Vere ergo carnis illius sacramentum est. Er macht also einen Unterschied zwischen dem sacramentum carnis und der veritas carnis. Das sacramentum carnis haben wir in der Eucharistie, die veritas carnis beim historischen Leibe Christi. Ambrosius wollte dadurch zu verstehen geben, dass jenes Fleisch, in welchem Christus gekreuzigt und begraben ist, kein Mysterium, sondern handgreifliche Wirklichkeit war (d. h. sinnenfällig), dieses Fleisch aber, welches jetzt im Mysterium die Aehnlichkeit mit jenem aufweist, nicht dem Aussehen, sondern dem Sacramente nach Fleisch ist (non sit specie caro, sed sacramento). Denn dem Aussehen nach ist es Brod, im Sacramente aber Christi wahrer Leib, wie ja der Herr Jesus selbst bekräftigt: Dieses ist mein Leib[2].

---

[1] De corp. n. 54, Migne 121, 148 f.: Nam secundum creaturarum substantiam, quod fuerunt ante consecrationem, hoc et postea consistunt. Panis et vinum prius exstitere; in qua etiam specie iam consecrata permanere videntur. Est ergo interius commutatum Spiritus sancti potenti virtute quod fides aspicit, animam pascit, aeternae vitae substantiam subministrat. Der erste Satz scheint die Transsubstantiationslehre des Ratramnus vollständig über den Haufen zu stossen. Allein schon Mabillon (Acta l. c. n. 116) weist darauf hin, dass das Wort substantia bei Ratramnus eine dreifache Bedeutung hat: äussere Gestalt, Ding, Substanz im eigentlichen Sinne. Hier steht es offenbar im ersten Sinne, wie schon der Gegensatz: „Est interius commutatum" verlangt.

[2] De corp. n. 57, Migne 121, 151: Si quidem in specie panis est, in sacramento verum Christi corpus, sicut ipse clamat Dominus Iesus: Hoc est corpus meum.

Ambrosius belehrt uns dann weiter über die Natur dieses eucharistischen Leibes Christi, indem er erklärt, im Sacramente sei Christus, weil es Christi Leib sei; es sei nicht eine körperliche, sondern eine geistige Speise. Danach haben wir nicht fleischlich, sondern nur geistig von diesem Sacramente zu denken: es ist zwar Christi Leib, aber nicht ein körperlicher, sondern ein geistiger; es ist Christi Blut, aber nicht körperliches, sondern geistiges Blut[1]. Der Unterschied zwischen dem historischen und dem eucharistischen Leibe Christi besteht also nach Ambrosius darin, dass jener ein sinnenfälliger Leib (corpus verum) war, d. h. sichtbar und betastbar, dieser aber nicht ein körperlicher, sondern ein geistiger Leib und demnach weder sichtbar noch betastbar ist[2].

Die Autorität des hl. Ambrosius, schliesst Ratramnus, lehrt uns also, dass ein grosser Unterschied zwischen dem eucharistischen und dem historischen Leibe Christi besteht. „Denn jenes Brod und jener Trank sind nicht ihrer äussern Gestalt nach (secundum quod videntur) Christi Leib und Blut, sondern nur so weit sie geistiger Weise das ewige Leben mittheilen. Jener Leib aber, in welchem Christus einmal gelitten hat, besass keine andere äussere Gestalt (non aliam speciem) als die, in welcher er existirte; denn er war das, was wirklich gesehen, was berührt, was gekreuzigt, was begraben wurde. Ebenso besass das Blut, das aus der Seite floss, nicht äusserlich eine andere Gestalt und verhüllte innerlich eine andere Wesenheit. Sinnenfälliges Blut floss also vom sinnenfälligen Körper (verus itaque sanguis de vero corpore profluebat). Das Blut Christi dagegen, welches jetzt die Gläubigen trinken, und der Leib, den sie geniessen, sind etwas anderes ihrer sichtbaren Erscheinung nach (in specie), etwas anderes dem angedeuteten Inhalte nach (in significatione). Etwas anderes ist ihnen, was als körperliche Speise den Körper nährt, etwas anderes, was die Seele mit ewigem Leben erfüllt."[3]

Ratramnus führt nun noch eine Reihe von Beweisen für die Verschiedenheit des eucharistischen und des historischen Leibes Christi an.

---

[1] De corp. n. 59 f., Migne 121, 151 f.
[2] De corp. n. 62, Migne 121, 152.
[3] De corp. n. 69, Migne 121, 155.

I. Beweis.

Was verschieden ist, kann nicht identisch sein. Nun aber sind der eucharistische und der historische Leib Christi verschieden. Also sind sie nicht identisch.

Der Untersatz wird dreifach bewiesen:

1. Nach Hieronymus und Ambrosius besteht zwischen den beiden Leibern ein Unterschied wie zwischen dem Körperlichen und dem Geistigen, dem Sichtbaren und dem Unsichtbaren, dem Göttlichen und dem Menschlichen[1].

2. Der historische Leib hatte Fleisch und Bein, war belebt von einer vernünftigen Seele, die eigenes Leben und eigene Bewegung verlieh. Der eucharistische Leib dagegen besteht nach seiner äussern Gestalt aus Weizenkörnern, welche durch die Hand des Bäckers bereitet sind, hat nicht Fleisch und Bein und ist keiner selbständigen Bewegung fähig. Während beim eucharistischen Leibe die äussere Erscheinung dem innern Wesen durchaus nicht entspricht, zeigte der historische Leib auch äusserlich nichts anderes, als was er innerlich war: quia vera caro veri hominis existebat, corpus utique verum in veri corporis specie consistens[2].

3. Der historische Leib ist seit seiner Auferstehung unsterblich, ewig und nicht mehr leidensfähig. Was aber in der Kirche gefeiert wird, ist zeitlich, nicht ewig, zerstörbar, nicht unzerstörbar, auf dem Wege, nicht im Vaterlande. Uebrigens ist hier zu unterscheiden zwischen dem, was äusserlich geschieht, und dem, was im Glauben erfasst wird. Was die Sinne wahrnehmen, ist zerstörbar, unzerstörbar aber, was der Glaube festhält. Was also äusserlich erscheint, ist nicht die Sache selbst (ipsa res d. h. Christi Leib), sondern Bild der Sache (imago rei); was aber mit dem Verstande erkannt wird, ist die veritas rei[3].

II. Beweis.

Unter der Hülle des eucharistischen Brodes ist nicht nur der Leib Christi, sondern auch der Leib des gläubigen Volkes

---

[1] De corp. n. 71, Migne 121, 156 f.

[2] De corp. n. 72, Migne 121, 159. Verum steht hier natürlich in der Bedeutung von sinnenfällig.

[3] De corp. n. 76 f., Migne 121, 160.

zugegen[1]. Wie nun dieses Brod nicht seiner körperlichen Erscheinung nach (corporaliter), sondern seiner geistigen Existenzweise nach (spiritaliter) der Leib der Gläubigen heisst, so muss
es auch als Christi Leib erkannt werden nicht seiner körperlichen Erscheinung, sondern seiner geistigen Existenzweise nach[2].
Ferner wird dem Weine, welcher das Blut Christi genannt
wird, Wasser beigemischt und dieses Wasser sinnbildet das
Volk. Würde nun der Wein körperlich in Christi Blut verwandelt, so müsste auch das Wasser körperlich in das Blut des
gläubigen Volkes verwandelt werden[3]. Denn wo eine Heiligung ist, muss auch nothwendig eine Wirkung sein. Wir
sehen aber, dass am Wasser seiner äussern Erscheinung nach
(secundum corpus) nichts verwandelt ist, also ist auch am Weine
die Wandlung nicht körperlich erfolgt. Geistig ist also aufzufassen, was im Wasser vom Leibe des Volkes, geistig, was
im Weine vom Blute Christi verkündet wird[4].

Der Beweis hat seine bedenklichen Seiten. Will Ratramnus sagen, dass der mystische Leib der Kirche real in der Eucharistie zugegen sei — und es scheint beinahe so —, so enthält
der Beweis allerdings nichts, was gegen den Glauben des Ratramnus an die reale Präsenz und die Transsubstantiation
sprechen könnte, er hätte aber dann eine Behauptung aufgestellt, die durchaus unhaltbar ist. Lässt er aber den mystischen Leib nur symbolisch zugegen sein, so könnte man daraus
den Schluss ziehen, er habe auch nur an eine bildliche Gegenwart des Leibes Christi im Sacramente geglaubt. Allein es ist
wohl zu beachten, was Ratramnus mit seinem Vergleiche beweisen will. Er bekämpft die totale Identität und sucht dar-

---

[1] De corp. n. 73, Migne 121, 159: Considerandum quoque quod in
pane illo non solum corpus Christi, verum etiam in eum credentis populi figuretur. Figuretur scheint hier dem oben definirten Begriffe von
figura analog genommen zu sein.

[2] De corp. n. 74, Migne 121, 159.

[3] De corp. n. 75, Migne 121, 160: Igitur si vinum illud sanctifica-
tum per ministrorum officium in Christi sanguinem corporaliter conver-
titur, aqua quoque, quae pariter admista est, in sanguinem populi credentis necesse est corporaliter convertatur.

[4] De corp. l. c.

zuthun, dass der historische und der eucharistische Leib Christi
in mancher Hinsicht verschieden seien. Einen Unterschied findet
er auch darin, dass die Eucharistie ausser dem historischen
Leibe auch noch den mystischen Leib enthalte (sei es nun
symboliter oder realiter), was beim historischen Leibe nicht der
Fall sei[1].

III. Beweis.

Dinge, welche identisch sind, fallen unter eine Definition.
Vom wahren Leibe wird gesagt, dass er wahrer Gott und wahrer
Mensch sei. Da man aber dieses von dem Leibe Christi, der
im Mysterium zugegen ist, nicht sagen kann, so ist klar, dass
er Christi Leib sei nur secundum quendam modum; et modus
iste in figura est et imagine, ut veritas res ipsa sentiatur[2].

IV. Beweis.

Die Kirche betet[3]: Pignus aeternae vitae capientes humi-
liter imploramus ut quod in imagine contingimus sacramenti,

---

[1] Mabill., Acta l. c. n. 121 ist der Meinung, dass Ratramnus nur
eine symbolische Gegenwart des mystischen Leibes annehme. Nach ihm
bekämpft Ratramnus die totale Identität, weil der historische Leib
sinnenfällig und in seinem natürlichen Zustande existire, der eucharistische aber auf geistige Weise und unter der Hülle von Brod und
Wein, und schliesst daraus, in der Eucharistie sei Christi Leib nicht
corporaliter (quantum ad speciem corpoream), sondern spiritaliter (secundum existendi modum), die conversio sei also nicht corporalis, sondern
spiritalis, wie sie auch im Brode und Weine stattgefunden habe in Beziehung auf die Kirche, deren Symbole jene seien. Nach Ratramnus
seien also beide Leiber, der wahre sowohl wie der mystische in der
Eucharistie spiritaliter zugegen, jedoch nicht in demselben Grade; denn
der mystische sei zugegen per symbolorum significationem, der wahre
dagegen per ipsam substantiam, sed spiritali modo existentem. Vom
wahren Leibe lasse er den Erlöser sagen: Vere per mysterium panem
et vinum in corporis et sanguinis mei conversa substantiam a credentibus sumenda (De corp. n. 30, Migne 121, 140). Ferner erkläre er:
Exterius igitur quod apparet, non est ipsa res, sed imago rei; mente
vero quod sentitur et intelligitur, veritas rei. In solchen Ausdrücken
spreche Ratramnus von der Kirche nie.

[2] De corp. n. 84, Migne 121, 162.

[3] Nach Schnitzer, Berengar von Tours, S. 166 in der Postcomm.
des Festes Translatio S. Swithuni Conf. Pont., nach Boileau (Migne
121, 162) in der Postcomm. festi octavae Apostolorum SS. Petri et Pauli
(nach dem Sacramentarium des Papstes Gelasius).

manifesta participatione sumamus. Das Unterpfand und das
Bild vertreten die Sache, für welche sie Unterpfand und Bild
sind, zeigen sie aber nicht in handgreiflicher Wirklichkeit. Es
ist also der eucharistische Leib Unterpfand und Bild für eine
zukünftige Sache (den himmlischen Leib); diese wird jetzt nur
im Bilde (per similitudinem) gezeigt, später aber in unverhüllter
Wirklichkeit. Etwas anderes ist also das, was jetzt gefeiert
(eucharistische Leib), etwas anderes das, was einst enthüllt
werden wird (historisch-himmlischer Leib)[1].

Ferner betet die Kirche[2]: Perficiant in nobis, Domine,
quaesumus, tua sacramenta quod continent, ut quae nunc specie
gerimus, rerum veritate capiamus. Was also jetzt geschieht,
ist nur eine Aehnlichkeit (species), nicht die Offenbarung der
Sache selbst (veritas). Wie deshalb species und veritas sich
unterscheiden, so unterscheiden sich auch der eucharistische und
der historisch-himmlische Leib Christi[3].

Weiterhin beruft sich Ratramnus noch auf einige Aus-
sprüche der Väter[4], in denen er die Unterscheidung der beiden
Leiber betont findet, recapitulirt dann kurz den Inhalt seiner
Schrift[5], verwahrt sich dagegen, aus seinen Worten die Folge-
rung zu ziehen, als würde im Sacramente Christi Leib und
Blut nicht von den Gläubigen genossen[6], und schliesst mit der
Erklärung, dass er nicht eigenwillig seinen eigenen Meinungen,
sondern der Auctorität der Vorfahren gefolgt sei[7].

Das Buch des Ratramnus ist Gegenstand einer mehr-
hundertjährigen Controverse geworden, die auch heute noch
nicht vollständig abgeschlossen ist. Der Grund liegt nicht etwa

---

[1] De corp. n. 86, Migne 121, 163.
[2] In der Postcommunio Sabb. Quat. Temp. Septemb.
[3] De corp. n. 88, Migne 121, 164.
[4] De corp. n. 90 ff., Migne 121, 165 ff.
[5] De corp. n. 97 ff., Migne 121, 169 f. Als Zeugniss für die reale
Präsenz ist zu beachten der Satz in n. 98: Addamus etiam, quod iste
panis et calix, qui corpus et sanguis Christi nominatur et existit,
memoriam repraesentat Dominicae passionis sive mortis.
[6] De corp. n. 101, Migne 121, 170: Nec ideo quoniam ista dicimus,
putetur in mysterio sacramenti corpus Domini vel sanguinem ipsius non
a fidelibus sumi.
[7] De corp. n. 102, Migne 121, 170.

darin, dass Ratramnus sich undeutlich oder zweifelhaft ausgedrückt hätte. Seine Worte sind im wesentlichen ganz klar
und von verworrenen Ausführungen kann keine Rede sein. Nur
dürfen gewisse Ausdrücke, welche für die Ratramnische Auffassung von entscheidender Bedeutung sind, nicht in einem Sinne
genommen werden, der ihnen wohl zukommen k a n n und auch
gewöhnlich zukommt, den aber Ratramnus selbst nicht mit
ihnen verbindet. Ratramnus weicht in mancher Beziehung von
der damals geltenden und noch mehr von der späteren Terminologie ab. Das gilt vor allem von den Wörtern figura und
veritas. Nimmt man sie in der gewöhnlichen Bedeutung, so
muss Ratramnus aus der Zahl der orthodoxen Schriftsteller ge-
strichen werden und die Calvinisten haben Recht, wenn sie ihn
zu den Ihrigen rechnen. Legt man ihnen dagegen den Sinn
unter, den Ratramnus selbst mit ihnen verbindet — und er
hat sie ausdrücklich definirt —, so legen gerade die Stellen,
welche seine Heterodoxie beweisen sollen, das beste Zeugniss
für seine Rechtgläubigkeit ab. In der Terminologie unseres
Schriftstellers haben wir deshalb den hauptsächlichsten Grund
zu suchen, weshalb seine Lehre so verschiedene Beurtheilung
fand. Man mag es tadeln, dass er in der Terminologie von
seinen Zeitgenossen abgewichen, aber das gibt noch nicht das
Recht, ihm auch in der Lehre eine oppositionelle Stellung zu
seinen Zeitgenossen zuzuschreiben.

Auch zu Paschasius steht er in keinem Gegensatze, welcher
das Dogma berührte. Beide lehren die reale Präsenz und die
Transsubstantiation. Diese Grundwahrheit ist, wenn man will,
bei Ratramnus noch schärfer und präciser ausgesprochen als
bei Paschasius. Dass es an dunkeln Stellen und bedenklichen
Ausdrücken bei Ratramnus nicht fehlt, mag zugegeben werden.
Aber finden sich deren nicht auch bei Paschasius? Wenn eine
gesunde Exegese verlangt, dass die weniger klaren Stellen und
Ausdrücke eines Autors nach den klaren, die zweideutigen nach
den unzweideutigen interpretirt werden, und wenn man in Anwendung dieser Regel trotz mancher dunkler, zweideutiger
Ausdrücke dem Paschasius die Lehre von der realen Präsenz
und der Transsubstantiation vindiciren muss: hat nicht Ratramnus Anspruch auf dieselbe Behandlung? Will man consequent

sein, so muss man entweder wegen der Zweideutigkeiten beide
zu Läugnern der realen Präsenz und der Transsubstantiation
machen, oder man muss bei beiden die zweideutigen Ausdrücke
nach den unzweideutigen interpretirend beide als Bekenner
und Vertheidiger jener Lehre anerkennen. Und dass dies
letztere das allein Richtige ist, geht aus der oben gegebenen
Darstellung der Ratramnischen Lehre zur Genüge hervor.

Auf die reale Präsenz und die Transsubstantiation kann
sich also die Controverse zwischen den beiden Männern nicht
bezogen haben. Ebensowenig zeigt sich bei ihnen eine Differenz
in der Frage, ob Christus noch immerfort in der hl. Messe
leide. Rhabanus Maurus hatte auf Grund eines einmaligen
Ausdruckes dem Paschasius die Lehre von einem sinnlichen
Leiden Christi im Messopfer zugeschrieben. Ratramnus weit entfernt, eine ähnliche Anklage zu erheben, erklärt, dass zwar
von einem eigentlichen Leiden Christi in der Messe nicht die
Rede sein, dass man jedoch in gewisser Beziehung wieder von
einem Leiden Christi im Messopfer sprechen könne, quoniam
illius mortis atque passionis habens similitudinem, quarum existunt repraesentationes[1], und gibt so, wenn überhaupt die Stelle
mit Rücksicht auf Paschasius niedergeschrieben ist, zu dessen
missverständlichem Ausdrucke die richtige Exegese.

Auch betreffs des Stercoranismus verhält sich Ratramnus
nicht angreifend, sondern ergänzend zu Paschasius. Hatte dieser
sich nicht klar ausgesprochen, so erklärt jener einfach und ohne
alle aggressive Tendenz, dass die äusseren Gestalten des Sacramentes den Körper nähren, der unsichtbare Inhalt aber die Seele[2].

Wir kommen zu den beiden Fragen, die Ratramnus beantwortet. Sind sie gegen Paschasius gerichtet? Die erste ganz
sicher nicht. Ratramnus spricht von zwei einander entgegen-
stehenden Anschauungen über das Altarssacrament. Die erste
sieht in ihm nur „veritas" mit Ausschluss jeder „figura", die
andere aber nimmt eine „figura" an und unterscheidet zwischen
dem, was sichtbar, sinnenfällig und dem, was der Glaube sieht[3].

---

[1] Ratr. De corp. n. 40, Migne 121, 144.
[2] Ratr. De corp. n. 44, Migne 121, 146.
[3] Ratr. De corp. n. 2, Migne 121, 128 f.

Ratramnus verwirft die erste Ansicht und erklärt sich für die zweite. Paschasius stimmt mit ihm überein[1]. Selbst die Gedanken, auf welche Ratramnus seine Beweise gründet, finden sich zum Theil bei ihm. Einige Andeutungen mögen genügen. Nach Ratramnus ist die Eucharistie nicht mehr Geheimniss und Gegenstand des Glaubens, sobald man keine „figura" in ihr annähme; Paschasius spricht ihr, wenn alles sichtbar wäre, nicht nur dieses ab, sondern lässt sie dann nur das sein, als was sie sich den Sinnen zeigt, Brod und Wein ohne jede innere geistige Kraft[2]. Ratramnus beruft sich auf die eucharistische Wandlung, die nur eine innere sein könne; Paschasius erklärt nicht nur, dass die Wandlung als ein innerer Vorgang zu denken sei, wobei die Gestalten bleiben, er gibt auch die Gründe für die Erhaltung der Species an[3]. Auch die Isidorische Definition des Sacramentsbegriffes, die auf der Unterscheidung eines sichtbaren und eines unsichtbaren Elementes in den Sacramenten, also auch in der Eucharistie basirt, haben beide Männer mit einander gemein[4]. Ein Unterschied aber, der indess keinen Unterschied in den Anschauungen begründet, zeigt sich bei ihnen in dem Gebrauche des Wortes „veritas". Ratramnus bezeichnet mit diesem Worte ausschliesslich die sinnliche, handgreifliche Realität, Paschasius die Realität überhaupt, mag sie nun von den Sinnen wahrgenommen werden oder nicht. Ueberall jedoch, wo er die veritas der figura gegenüberstellt, versteht er darunter allein jene Realität, welche nicht sinnenfällig ist, aber trotzdem wahre und eigentliche Realität bleibt. Veritas und figura schliessen sich deshalb nicht gegenseitig aus, beide können zugleich in einem Subjecte bestehen und in diesem Sinne sagt er, dass die Eucharistie figura und veritas

---

[1] Statt vieler nur folgende Stelle: Unde, homo, disce aliud gustare, quam quod ore carnis sentitur; aliud videre, quam quod oculis istis carneis monstratur (De corp. 8, 2, Migne 120, 1287). Ueber abweichende Aeusserungen s. S. 59 f.

[2] Pasch. Radb. De corp. 8, 2, Migne 120, 1287: Si enim totum visibile fieret nullum in eo mysterium vel secretum esset, nulla fides, nulla vis spiritalis, nulla alia res, quam quae oculis et gustui subiaceret.

[3] Die betreffenden Stellen s. S. 49 f.

[4] Ratr. De corp. n. 45 f., Migne 121, 146; Pasch. Radb. De corp. 3, 1 f., Migne 120, 1275.

zugleich genannt werden könne, figura in ihrer äusseren, sichtbaren Existenzweise, veritas wegen ihres zwar nicht sichtbaren,
aber nichtsdestoweniger realen Inhalts. Nach Ratramnus dagegen schliessen figura und veritas sich gegenseitig aus; denn
wo das Ding sichtbar sich den Sinnen zeigt — und darin
besteht nach Ratramnus die veritas —, kann von einer Hülle,
figura nicht die Rede sein und umgekehrt. So kann er sagen,
die Eucharistie sei nicht veritas, sondern figura corporis Christi,
d. h. Christi Leib sei nicht sinnenfällig zugegen, sondern verborgen unter der Hülle (figura) der Gestalten. Die sachliche
Uebereinstimmung mit Paschasius trotz der abweichenden Terminologie liegt auf der Hand[1].

Haben wir bislang noch keine wesentliche Meinungsver-
schiedenheit zwischen den beiden angeblichen Gegnern entdecken
können, so scheint eine solche um so mehr aus dem zweiten
Theile der Ratramnischen Schrift gefolgert werden zu können.
Derselbe handelt, wie wir gesehen, von dem Verhältnisse des
eucharistischen zu dem historischen Leibe Christi und erklärt
sich offenbar gegen deren Identität. Wenn nun Ratramnus
damit ihre totale Verschiedenheit, eine Verschiedenheit
nicht der Erscheinungsform, sondern auch dem Wesen nach
behauptet und wenn andererseits Paschasius die totale Identität, eine Identität sowohl der Erscheinungsform als auch dem
Wesen nach gelehrt hätte, so ständen allerdings die beiden
Männer in einem Gegensatze, dass man ihre Controverse nicht
als einen blossen Wortstreit auffassen könnte.

Allein ebensowenig wie Paschasius die totale Identität
lehrt, ebensowenig will Ratramnus mit seiner Thesis, dass der
eucharistische Leib nicht derselbe sei wie der historische, deren
totale Verschiedenheit behaupten. Denn ist der eucharistische Leib nicht nur der Erscheinungsform, sondern auch
dem Wesen nach ein anderer als der historische Leib Christi,

---

[1] Radberts Erörterungen über diesen Punkt De corp. 4, 1 f., Migne
120, 1278 f. Dass thatsächlich in damaliger Zeit vielfach kapharnaitische
Ansichten herrschten, welche das Sacrament selbst für den sinnlich-leiblichen Christus hielten, also die veritas im Ratramnischen Sinne an-
nahmen, hat Bach, Dogmengeschichte l. c. S. 166 f. bewiesen. Gegen
sie scheint Ratramnus geschrieben zu haben.

so ist er überhaupt nicht Christi Leib und damit fiele die reale Präsenz, die doch Ratramnus so oft mit so ausdrücklichen Worten betont. Ratramnus kann demnach schon aus diesem Grunde keine substantielle Verschiedenheit zwischen den beiden Leibern angenommen haben. Ausserdem sagt er einmal im ersten Theile seiner Schrift, Christus habe am Vorabende seines Leidens die Substanz des Brodes und die Creatur des Weines in seinen eigenen Leib, der noch leiden sollte, und in sein Blut, das nachher vergossen werden sollte, verwandelt[1]. Wenn er hier offenbar den eucharistischen Leib als identisch mit dem historischen bezeichnet, so kann er unmöglich im zweiten Theile das Gegentheil d. h. die totale Verschiedenheit beweisen wollen. Dazu kommt, dass alle die Unterschiede, welche er zwischen den beiden Leibern constatirt, durchaus keine substantielle, sondern nur eine accidentelle Verschiedenheit begründen.

Danach hat also Ratramnus weder eine Identität noch eine Verschiedenheit in jeder Beziehung angenommen, sondern eine Identität im Wesen, eine Verschiedenheit in der Erscheinungsform: „Der eucharistische Leib ist ein anderer als der historische in gewisser Beziehung (secundum quendam modum), nämlich hinsichtlich seiner äussern Erscheinung (secundum speciem visibilem); derselbe ist er hinsichtlich der unsichtbaren Substanz."[2]

Das haben wir aber auch als Meinung Radberts kennen gelernt. Wenn sonach beide übereinstimmen: weshalb schreibt

---

[1] Ratr. De corp. n. 28, Migne 121, 139: Sicut ergo paulo antequam pateretur, panis substantiam et vini creaturam convertere potuit in proprium corpus quod passurum erat et in suum sanguinem qui post fundendus exstabat, sic etiam etc. Aehnlich De corp. n. 25, Migne 121, 138 f.: Ipse namque qui nunc in Ecclesia omnipotenti virtute panem et vinum in sui corporis carnem et proprii cruoris undam spiritualiter convertit, ipse tunc quoque manna de coelo datum corpus suum et aquam de petra profusam proprium sanguinem invisibiliter operatus est.

[2] Bach, Dogmengeschichte l. c. S. 203. Ratr. De corp. n. 84, Migne 121, 162: Secundum quendam modum corpus Christi esse cognoscitur. De corp. n. 49, Migne 121, 147: Ex his omnibus quae sunt hactenus dicta monstratum est, quod corpus et sanguis Christi, quae fidelium ore in Ecclesia percipiuntur, figurae sunt secundum speciem visibilem; at vero secundum invisibilem substantiam, i. e. divini potentiam Verbi, vere corpus et sanguis Christi existunt. Vgl. De corp. n. 57, Migne 121, 150 f.

Ratramnus gegen die Identitätslehre des Paschasius? Denn diesen hatte er doch höchst wahrscheinlich im Auge. Es ging ihm wie Rhabanus Maurus. In einseitiger Premirung einzelner starker Ausdrücke Radberts ohne Beachtung der Correctivstellen gelangte er zu der Ansicht, als behaupte der Abt die absolute Identität der beiden Leiber, und hob dem gegenüber ebenso die Verschiedenheit derselben hervor. Danach wäre also die ganze Gegnerschaft der beiden Männer in dieser Frage in folgender Weise zu bestimmen: Paschasius betont mehr die (substantielle) Identität, ohne die (accidentelle) Verschiedenheit des eucharistischen und des historischen Leibes Christi zu läugnen; Ratramnus legt den Nachdruck auf die (accidentelle) Verschiedenheit, ohne indess die (substantielle) Identität in Abrede zu stellen.

IV.
Des Paschasius Aeusserungen über seine Gegner.

Im Briefe an Frudegard macht Paschasius verschiedene Andeutungen, aus denen hervorgeht, dass manche mit dem Inhalte seines Buches nicht in jeder Beziehung einverstanden waren. Wer waren diese? Und was bildete den Gegenstand ihres Widerspruches? Prüfen wir die einzelnen Stellen! Frudegard hatte dem Paschasius auch seine Zweifel mitgetheilt. Dieser beginnt seine Antwort mit der Bemerkung: Quaeris enim de re ex qua multi dubitant[1]. Wer die multi seien, sagt Paschasius nicht. Dagegen gibt die folgende Auseinandersetzung deutlich genug zu verstehen, dass die Zweifel sich nicht auf die reale Präsenz bezogen, sondern auf die Existenzweise Christi im Altarssacramente: wie es derselbe Leib sein könne, den Maria geboren, wie insbesondere eine solche Ansicht mit dem Ausspruche Augustins von der tropischen Redewendung in den Verheissungsworten, und Augustin selbst wieder mit den übrigen Vätern in Einklang gebracht werden könne. An einer andern Stelle spricht Paschasius von vielen, die Zweifel darüber haben, wie Christus unversehrt bleiben und dieses (die Eucharistie) doch der Leib und das Blut Christi

---

[1] Ep. ad Frud., Migne 120, 1351.

sein könne[1]. Von der realen Präsenz ist auch hier keine Rede, nur der Modus dieser Präsenz steht in Frage. Wenn dann ferner der Abt erklärt, er habe mehreren zur Erkenntniss dieses Geheimnisses verholfen, so gibt er im folgenden selbst an, worin diese Erkenntniss bestanden hat: nämlich nicht in der Erkenntniss, dass Christi Leib im Sacramente zugegen sei, sondern in der Erkenntniss, wie er zugegen sei, nämlich als corpus spirituale[2]. Dass endlich die Erklärung Radberts, er habe ein Fragment aus seinem Commentar zum Matthäusevangelium beigelegt, damit Frudegard besser beurtheilen könne, was zu glauben und was an ihm (Paschasius) zu tadeln sei[3], sich ebensowohl auf die Darstellungsweise als auch auf den Inhalt des Buches beziehen kann und vor allem nicht unter dem Eindrucke eines allseitigen Widerspruches geschrieben ist, liegt auf der Hand.

Dagegen enthält eben jenes Fragment Aeusserungen, in denen unstreitig die Rede ist von solchen, welche die reale Präsenz läugnen, da sie nicht den wirklichen Leib und das wirkliche Blut Christi in der Eucharistie zugegen sein lassen, sondern nur eine gewisse Kraft dieses Leibes und Blutes, nicht Wahrheit, sondern Bild, nicht einen Körper, sondern blossen Schatten[4]. Paschasius gibt auch den Grund an, weshalb eine

---

[1] Ep. ad Frud., Migne 120, 1354: Quamvis multi ex hoc dubitent, quomodo ille integer maneat et hoc corpus Christi et sanguis esse possit.

[2] Ep. ad Frud., Migne 120, 1356: Quia etsi nil in eo legentibus dignum scripsi, quem cuilibet puero dedicavi, tamen ad intellegentiam huius mysterii plures, ut audio, commovi, ut sciant et intellegant digne cogitare de Christo, cuius dum corpus non corrumpitur, quia spiritale est et totum spiritale est, quod celebratur in hoc sacramento.

[3] Ep. ad Frud. l. c.: Addidi autem huic responsioni nostrae expositum, quod de coena ex hoc mysterio in Matthaeum exposueram, ut ex ipso considerare queas, quid intelligibilius credendum sit vel quid in me reprehendendum cum charitate.

[4] Ep. ad Frud. (in Matth. 26, 26), Migne 120, 1356 f.: Audiant qui volunt extenuare hoc verbum corporis, quod non sit vera caro Christi, quae nunc in sacramento celebratur in Ecclesia Christi neque verus sanguis eius. Nescio quid volentes plaudere aut fingere, quasi quaedam virtus sit carnis et sanguinis in eo admodum sacramento, ut Dominus mentiatur, et non sit vera caro eius neque verus sanguis .... Unde miror quid velint nunc quidam dicere, non in re esse veritatem carnis Christi et sanguinis, sed in sacramento virtutem quandam carnis et non carnem; virtutem

solche Meinung entstehen konnte. Einige haben ihn nämlich
getadelt, dass er in die Worte Christi mehr hineingelegt, als
sie besagten. So ist ihm hinterbracht worden (audivi). Er
meint, jene hätten vielleicht gefürchtet, er wolle aus dem Leibe
Christi Theile machen und die so zerlegten Glieder an die einzelnen austheilen[1].

Es sind die beiden Extreme in der damaligen Auffassung
der Existenzweise des Leibes Christi im Altarssacramente, die
uns in diesen beiden Stellen vor Augen treten. In dem Streben,
die wirkliche Gegenwart Christi ganz sicher zu stellen, verstiegen
sich manche zu der Behauptung, Christus sei in sinnlich-leib-
licher Weise zugegen, sein Leib werde gebrochen, mit den
Zähnen zermalmt u. s. w.; andere, denen diese grobsinnliche
Auffassung zu ungeheuerlich war, betonten dem gegenüber die
bildliche Seite der Eucharistie, den Unterschied zwischen der
äussern Erscheinung und der innern Wesenheit u. s. w. Dadurch konnten sie dann sehr leicht den Anschein erwecken, als
hielten sie die Eucharistie überhaupt nur für ein Bild oder
eine Kraft des Leibes Christi. Wie nun Paschasius wegen seiner
entschiedenen Betonung der Präsenz des wahren Leibes Christi
und der Identität dieses Leibes mit dem historischen in den Ruf
eines Kapharnaiten kam, ohne es doch zu sein, ebenso sieht
oder befürchtet doch er selbst in der scharfen Hervorhebung
der bildlichen Seite der Eucharistie und der Unterscheidung der
beiden Leiber „die Auflösung, Verflüchtigung des eucharistischen
Christus in eine blosse Kraft und ein blosses Bild im Gegensatze zur Wirklichkeit des Leibes".[2]

Dass diejenigen, welche die bildliche Seite der Eucharistie
so sehr betont, damit die reale Präsenz auch wirklich hätten

---

fore sanguinis et non sanguinem; figuram et non veritatem; umbram et
non corpus.

[1] Ep. ad Frud. (in Matth. 26, 26), Migne 120, 1357: Haec idcirco
prolixius dixerim et expressius, quia audivi quosdam me reprehendere,
quasi ego in eo libro, quem de sacramentis Christi edideram, aliquid his
dictis plus tribuere voluerim aut aliud quam ipsa Veritas repromittit,
timentes forte hoc quod illi tunc timuerunt quibus loquebatur, quod
partes facere voluerim et eius per singulos membra dividere concisa vel
dispersa.

[2] Bach, Dogmengeschichte l. c. S. 178.

läugnen wollen, ist nicht anzunehmen; wenigstens kann hierfür kein einziger Schriftsteller jener Zeit mit Grund angeführt werden [1]. Auch Paschasius scheint das nicht behaupten zu wollen. Sagt er doch an andern Stellen, zwar seien viele in Zweifel und Unkenntniss betreffs der Eucharistie befangen gewesen, Irrthümer hätten aber nur die vorgebracht, welche falsche christologische Anschauungen gehegt hätten [2]; aus Unkenntniss möchten manche irren, aber ein offener Widerspruch sei noch nicht erfolgt [3]. Nehmen wir nun noch hinzu, dass Paschasius niemals sagt, er habe die Urtheile über sein Werk in den Gegenschriften gelesen, wohl aber zweimal ausdrücklich erklärt, er habe so gehört, so ergibt sich als höchstwahrscheinlich folgendes: Was Radbert von den Angriffen, die auf ihn gemacht sind, weiss, hat er nicht aus den Gegenschriften selbst, sondern aus dem Munde dritter. Man hat ihm erzählt, dass manche mit seiner Lehre, in der Eucharistie sei derselbe Leib enthalten, den Christus auf Erden gehabt, nicht einverstanden seien, vielmehr Unterschiede zwischen den beiden Leibern statuirten und vor allem die figürliche Seite des Sacramentes betonten. Paschasius sieht darin zwar noch nicht eine offene (nemo tamen est adhuc in aperto) Läugnung der realen Präsenz, aber doch die nächste Gefahr der Läugnung. Daher sein energischer Widerspruch. Hierbei legt er, was leicht erklärlich ist, seinen Gegnern das, was er von ihnen befürchtet, als ausgesprochene Meinung bei.

Wenn wir die damaligen mangelhaften Verkehrsmittel und die Schwierigkeiten in der Vervielfältigung der Bücher berücksichtigen, so dürfte die gegebene Erklärung wohl nicht mehr so unmöglich scheinen, wie man auf den ersten Blick glauben könnte. Jedenfalls ist sie geeignet, uns die schwierige Frage zu lösen, wie Paschasius dazu komme, seinen Gegnern Ansichten

---

[1] Scotus Erigena vielleicht ausgenommen.

[2] Ep. ad Frud. (Sent. Cath. Patr.), Migne 120, 1362: Quia usque ad praesens nemo deerrasse legitur nisi qui et de Christo erraverunt; quamvis plurimi dubitaverint vel ignoraverint tanti mysterii sacramenta.

[3] Ep. ad Frud. l. c.: Et ideo quamvis ex hoc quidam de ignorantia errent, nemo tamen est adhuc in aperto, qui hoc ita esse contradicat quod totus orbis credit et confitetur.

zuzuschreiben, die wir in keiner der erhaltenen Schriften in
der Weise ausgesprochen finden, wie Radbert sie darstellt.
Wir denken hier vor allem an Ratramnus. Hat Paschasius in
seinem Briefe sich auf ihn bezogen? Wir glauben die Frage
bejahen zu müssen. Wollen wir auch kein Gewicht darauf
legen, dass gerade Ratramnus den kapharnaitischen Ansichten
gegenüber die bildliche Seite der Eucharistie mehr als irgend
einer seiner Zeitgenossen hervorgehoben hatte: der Brief an
Frudegard enthält eine Stelle, die gewiss mit Beziehung auf
Ratramnus niedergeschrieben ist. Als Beweis diene der Wort-
laut der beiden Stellen. Ratramnus sagt: Deus utique Christus;
et corpus quod sumpsit de Maria Virgine, quod passum, quod
sepultum est, quod resurrexit, corpus utique verum fuit, id est
quod visibile atque palpabile manebat. At vero corpus, quod
mysterium Dei dicitur, non est corporale, sed spiritale: quod si
spiritale, iam non visibile neque palpabile[1]. Paschasius sagt:
Sed quidam loquacissimi magis quam docti, dum haec credere
refugiunt, quaecunque possunt, ne credant quae Veritas repromittit, opponunt et dicunt, nullum corpus esse quod non sit
palpabile et visibile. Haec autem, inquiunt, quia mysteria sunt,
videri nequeunt, nec palpari et ideo corpus non sunt; et si
corpus non sunt, in figura carnis et sanguinis haec dicuntur et
non in proprietate naturae carnis Christi et sanguinis, quae caro
passa est in cruce et nata de Maria Virgine[2]. Erinnern wir
uns an die Bedeutung der Begriffe veritas, verum, corporale
bei Ratramnus: er gebraucht sie von der sinnenfälligen Realität.
Seine Worte sind deshalb ganz correct. Wenden wir diese
Terminologie auf die Worte des Paschasius an, so würden sie
lauten: die Gegner sagen: Jeder sinnenfällige Körper ist betastbar und sichtbar. Christi Leib in der Eucharistie kann aber
weder gesehen noch berührt werden und ist deshalb kein
(sinnenfälliger) Körper (corpus corporale bei Ratramnus), und
wenn er kein (sinnenfälliger) Körper ist, so muss man figura
carnis et sanguinis (d. h. nach dem Sprachgebrauche des Ratramnus: Verhüllung des Fleisches und Blutes unter den Gestalten)

---

[1] Ratr. De corp. n. 62, Migne 121, 152.
[2] Pasch. Radb. Ep. ad Frud. (Sent. Cath. Patr.), Migne 120, 1361.

annehmen, nicht aber die veritas carnis Christi et sanguinis, quae caro etc. (proprietas naturae carnis ist offenbar Umschreibung des Ratramnischen: veritas carnis) d. h. das sinnenfällige Fleisch und Blut, das Christus auf Erden gehabt. In Wirklichkeit lässt aber Paschasius die Gegner sagen: Jeder Körper ist betastbar und sichtbar. Der eucharistische Leib kann aber nicht gesehen und nicht betastet werden, ist also kein Körper; ist er kein Körper, so ist die Eucharistie nur Bild des Leibes Christi, nicht aber der wirkliche Leib, den Maria geboren (figura ist bei Paschasius Bild, Symbol, veritas oder, wie er hier hat, proprietas naturae ist ihm die Realität schlechthin). Wir sehen, Paschasius hat den entscheidenden Worten des Ratramnus einen Sinn untergelegt, den sie wohl nach seinem eigenen (des Paschasius) Sprachgebrauche, nicht aber in der Terminologie seines vermeintlichen Gegners haben. Absichtlich ist das natürlich nicht geschehen. Es hiesse auch die geistigen Fähigkeiten des berühmten Abtes gar zu geringschätzig beurtheilen, wollten wir annehmen, Paschasius habe des Ratramnus Buch gelesen, es aber nicht verstanden. So müssen wir auch hier wieder wie oben den Schluss machen: Paschasius hat das Buch des Ratramnus nicht selbst gelesen; es ist ihm aber mitgetheilt worden, Ratramnus vertheidige in ihm den Satz, dass Christus in figura in der Eucharistie zugegen sei und nicht in veritate. Er erfuhr aber nicht, dass Ratramnus mit jenen beiden Wörtern eine von dem gewöhnlichen Sprachgebrauche abweichende Bedeutung verbinde, und nahm sie in dem ihm am meisten geläufigen Sinne von „Bild“ und „Realität schlechthin“, glaubte deshalb aus ihnen die Läugnung der realen Präsenz folgern zu dürfen und bezeichnete und widerlegte folgerichtig die so verstandene Behauptung des Ratramnus als einen Irrthum[1].

---

[1] Setzt man mit Mabillon (Acta l. c. n. 128) die Abfassung der Ratramnischen Schrift in das Ende der fünfziger Jahre des 9. Jahrhunderts, so erklärt sich, wie des Ratramnus Schrift dem Paschasius nicht zu Gesicht kam, obwohl doch beide Mönche desselben Ordenshauses sind. Paschasius war nämlich damals gar nicht in Alt-Korvey, wie aus dem Briefe an Frudegard hervorgeht (Librorum nulla nobiscum pars est, was er doch von Alt-Korvey gewiss nicht sagen konnte). Er war auch nicht bloss vorübergehend an dem fremden Orte, sondern dauernd; denn er sagt: Cum occuparer quorundam hospitum negotiis, minime potui ad-

Der Einfluss des Paschasius Radbertus auf die Behandlung und Entwicklung der Lehre von der Eucharistie.

Es kann nicht auffallend sein, dass die christliche Speculation sich erst spät eingehender und ex professo mit dem „Geheimnisse des Glaubens" zu beschäftigen begann. Wie die Dogmengeschichte lehrt, gaben stets Irrthümer den Anlass zur formellen Entfaltung der Dogmen, zur ausführlicheren Entwicklung und genauern Begründung der christlichen Lehren. Das Dogma von der Eucharistie blieb in den ersten Jahrhunderten unangefochten, ja der Glaube an dieses Geheimniss war so fest und unerschütterlich, war so sehr in das Bewusstsein der Gläubigen übergegangen, dass die Väter im Kampfe gegen die Irrlehren auf christologischem Gebiete dieses Dogma mit Erfolg als Ausgangspunkt ihrer Beweisführung verwenden konnten. Lag somit für die Väter keine Nothwendigkeit vor, in nähere Erörterungen über das Altarssacrament sich einzulassen, so nahmen andererseits die christologischen Streitigkeiten im Morgenlande und der Kampf gegen den Pelagianismus im Abendlande ihre ganze Kraft und Zeit so sehr in Anspruch, dass sie an die Vertheidigung eines Glaubenssatzes, den niemand in Zweifel zog, nicht denken konnten. Dazu kam, dass die Arcandisciplin, welche in Bezug auf das Mysterium fidei ganz besonders streng gehandhabt wurde, auch noch lange nach dem Aufhören der blutigen Verfolgungen von den kirchlichen Schriftstellern beobachtet wurde. Man sah in der offenen Darlegung der eucharistischen Lehren eine Entweihung des Heiligsten, das die Kirche besass, und bezog vor allem auf das Altarssacrament das Verbot des Herrn, das Heilige den Hunden vorzuwerfen. Man begnügte sich deshalb im allgemeinen in den Schriften, welche für alle bestimmt waren, mit kurzen Andeutungen und verwies diejenigen, welche nähere Aufklärung wünschten, auf die Predigt und Katechese, und auch hier geschah der Unterricht mehr andeutungsweise als in scharfer Begriffsbestimmung. Man be-

---

implere quae mandasti. Der Brief an Frudegard und das 12. Buch des Commentars zum Matthäusevangelium, in dem die im Text besprochene Stelle steht, sind beide um das Jahr 860 verfasst.

schränkte sich meistens darauf, die Thatsache der realen Präsenz und der Transsubstantiation zu betonen, ohne über das Wie derselben Rechenschaft zu geben. So blieb es im wesentlichen bis zum 9. Jahrhundert, mit dem eine neue Epoche in der Behandlung der Lehre vom Altarssacrament beginnt. Es trat aber das 9. Jahrhundert nicht in Gegensatz zu den Vätern. Wie diese, so lehrten auch die Theologen jener Zeit die wirkliche Gegenwart des Leibes und Blutes Christi im Altarssacramente. Die Substanz der eucharistischen Lehre anlangend findet sich überhaupt bei den Schriftstellern des 9. Jahrhunderts kein Satz, der nicht in den Vätern seine Quelle und seine Begründung hätte. Ein Unterschied macht sich jedoch bemerkbar in der Behandlungsweise und in der Hervorhebung einzelner Punkte der eucharistischen Lehre. Hatten die Väter sich nur gelegentlich über das Altarssacrament geäussert, so wurde die Eucharistie jetzt der Gegenstand directer Untersuchung. Hatten die Väter das Dogma von der Eucharistie wissenschaftlich vorzüglich dazu verwendet, um aus ihm wieder andere Dogmen zu beweisen und zu erklären, so begnügte sich das 9. Jahrhundert nicht mit der Betonung und Aufstellung der einzelnen eucharistischen Glaubenssätze: es wollte beweisen und erklären, nicht zwar im rationalistischen Sinne, sondern in jener wahrhaft katholischen Weise, die ausgeht vom Worte Gottes, dieses als leitende Norm betrachtet und so, gestützt und getragen von der ewigen Wahrheit, die Glaubenswahrheiten mit den Forderungen der Vernunft in Einklang zu bringen sucht. So traten die Fragen über die Art und Weise der realen Präsenz, über das Verhältniss des eucharistischen Leibes einerseits zum historischen Leibe Christi und andererseits zu den Gestalten u. ä., welche die Väter nur im Vorübergehen berührt hatten, in den Vordergrund.

Das waren allerdings schwierige Probleme. Die Anwendung der philosophischen Begriffe der Substanz, des Accidens, des Raumes und der Ausdehnung auf die Eucharistie — darum handelte es sich ja — musste ihre besonderen Schwierigkeiten haben in einer Zeit, der es an einer genauen wissenschaftlichen Erkenntniss jener Begriffe noch mangelte und die von der Natur und den Eigenschaften des verklärten Körpers die unklarsten und

verschiedensten Vorstellungen hatte. Bei den Vätern war wenig
Aufschluss zu holen; sie hatten sich, wo sie jene Fragen berührt,
dunkel und scheinbar widersprechend ausgedrückt und konnten
somit für die entgegengesetzten Auffassungen geltend gemacht
werden. Nicht zu vergessen ist auch, dass damals gerade das
fehlte, was zur schnellen und sichern Erledigung von Contro-
versfragen unumgänglich nothwendig ist: Uebereinstimmung im
Sprachgebrauch und scharf abgegrenzte Bedeutung der entscheidenden Wörter. Dieser Mangel einer genau fixirten Terminologie konnte nur zu leicht Verwirrung und Missverständnisse hervorrufen.

In dem Vorstehenden ist die Bedeutung des Paschasius Radbertus für die Entwicklung der Abendmahlslehre zum Theil schon
angedeutet. Sein Buch De corpore et sanguine Domini, unstreitig
das bedeutendste Werk über die Eucharistie, welches das 9. Jahrhundert hervorgebracht hat, ist in mehr als einer Beziehung
epochemachend gewesen. In ihm haben wir den ersten Versuch
einer Darstellung der gesamten Lehre vom Altarssacramente,
soweit sie damals sich entwickelt hatte. Wenn es auch in dieser
Hinsicht Jahrhunderte lang keine Nachahmung gefunden hat,
so hat es doch den Anstoss zu einer reichen eucharistischen
Literatur gegeben, die schon äusserlich durch den fast regel-
mässig wiederkehrenden Titel De corpore et sanguine Domini
Radberts Einfluss verräth. Es mehren sich jetzt die Schriften,
die nach dem Beispiele des Abtes von Korvey mit der bislang
üblichen Gewohnheit, nur gelegentlich und im Vorübergehen
über die Abendmahlslehre sich auszulassen, brechend die Eucharistie zum Gegenstande directer Untersuchung machen und die
Abendmahlslehre ex professo behandeln, nicht zwar ihrem gesamten Umfange nach, sondern nur in den Detailfragen,
welche damals besonders eifrig erörtert wurden.

Den Anstoss zur Erörterung jener Detailfragen hatte wieder
Paschasius durch sein Buch gegeben. Durch seine ausführlichen
Untersuchungen hatte er die Aufmerksamkeit der Zeitgenossen
auf manchen Punkt der Abendmahlslehre gelenkt, der bis dahin
weniger beachtet worden war, und naturgemäss gaben gerade
Gedanken und Ausdrücke, in denen Paschasius weniger glück-
lich gewesen, den Anlass zu Entgegnungen und Ausführungen,

welche für die Entwickelung und Ausbildung der eucharistischen
Lehre von der grössten Bedeutung sind. Das verfehlte Non
alia plane caro des Paschasius und die dadurch hervorgerufene
Rhabanische Distinction von naturaliter und specialiter geben
hierfür den besten Beweis. Das an sich so unglücklich gewählte Non alia plane caro
gab aber auch noch in einer andern Beziehung den Anstoss
zu einem Fortschritte der theologischen Wissenschaft, der als
ein überaus glücklicher und bedeutungsvoller bezeichnet werden
muss. Wenn im 9. Jahrhunderte der vornehmste Beweis für
die Eucharistie Christi Wort war, so war stets die zweite
Frage: Was sagen die Väter? Paschasius hatte nun in seinem
Buche dieselben in hervorragendem Masse herangezogen; es war
gewiss auch manche Stelle darunter, welche damals weniger
bekannt war; die Zeitgenossen sahen, welch' reicher Schatz von
Beweisen für das Altarssacrament bei den Vätern zu heben
war: das Beispiel Radberts konnte nicht ohne Einfluss auf die
patristischen Studien jener Zeit bleiben. Die Mängel der Paschasianischen Darstellung wirkten auch hier wieder fördernd.
Bekanntlich hatte der Abt von Korvey für das Non alia plane
caro sich auf den hl. Ambrosius berufen. Wenn aber die Zeitgenossen von der Lehre von der totalen Identität, welche sie
fälschlich aus den Worten Radberts folgerten, nichts wissen
wollten, so war ihnen ein Widerspruch zwischen den einzelnen
Vätern durchaus ein Ding der Unmöglichkeit. Wo ein Widerspruch zu bestehen schien, musste derselbe gelöst und die beiden
einander widersprechenden Väter in Einklang gebracht werden.
Es war deshalb ganz im Sinne der Zeit gesprochen, als Rhabanus Maurus gegen Paschasius bemerkte, es sei dessen Pflicht
gewesen, die scheinbaren Widersprüche zwischen Ambrosius und
Augustinus zu lösen. Dieser Stellungnahme des 9. Jahrhunderts zu den Vätern verdanken wir die Erklärung einer Reihe
schwieriger patristischer Stellen, die für die folgenden Jahrhunderte bis auf unsere Zeit massgebend geworden sind. Paschasius machte hierin ebensowenig eine Ausnahme wie seine
Gegner. Natürlich erforderte es, wollte man die Widersprüche
bei den Vätern lösen, ein genaues Studium der altchristlichen
Literatur, ein näheres Eingehen nicht nur auf die betreffenden

Stellen, sondern auch auf die Parallelstellen des Schriftstellers, auf seine Ausdrucksweise u. s. w.: kurz ein intensiveres Studium der Väter, als es bislang betrieben war.

Erinnern wir uns endlich daran, dass Paschasius sein Buch schrieb, damit die Mönche in Neu-Korvey es bei dem Unterrichte der Sachsen zu Grunde legten. Es sollte also in erster Linie eine Anleitung für den katechetischen Unterricht, nicht eine wissenschaftliche Abhandlung sein. Der fromme, erbauliche Ton, die vielen ascetischen Bemerkungen, die zahlreichen Wundergeschichten desselben zeigen, dass es weniger für den Fachgelehrten als vielmehr zur Belehrung und Erbauung des gläubigen Volkes bestimmt war. Wir werden deshalb gewiss nicht irre gehen, wenn wir annehmen, es habe auf die Behandlung der eucharistischen Lehre in Predigt und Katechese einen nicht weniger nachhaltigen Einfluss ausgeübt als auf die Behandlung derselben durch die Wissenschaft.

Dagegen ist es dem Paschasius so wenig wie dem 9. Jahrhundert überhaupt gelungen, eine feste Terminologie zu schaffen. Es genügt, hierfür auf die damals so viel gebrauchten Wörter veritas und figura hinzuweisen, die am Ende der Controverse noch eine ebenso schwankende Bedeutung hatten, wie am Anfange derselben.

Auch auf die Fragen, welche den Gegenstand des Streites im 9. Jahrhunderte bildeten, hat er keine erschöpfende Antwort gegeben. In der Bestimmung der Natur und der Existenzweise des eucharistischen Leibes kommt er über die allgemeinen Ausdrücke: corpus spirituale und illocaliter nicht hinaus. Ueber die Art und Weise der Transsubstantiation erfahren wir nur, dass sie als ein innerer, übernatürlicher Vorgang zu fassen sei, kraft dessen die Substanz des Brodes und Weines übergehe in den Leib und das Blut Christi. Dabei wird zwar sehr energisch betont, dass, trotzdem die Substanz des Brodes und Weines schwindet, dennoch ihre Accidentien bleiben; darüber aber, was denn nun Träger dieser Accidentien sei und ob sie Realität hätten oder nicht, suchen wir vergebens Aufschluss. Ueber das Verhältniss endlich des eucharistischen zum historischen Leibe Christi hat sich Paschasius nirgends ausdrücklich ausgesprochen. Er sagt: Sie sind identisch. Inwieweit sie das seien und inwieweit nicht, bleibt eine offene Frage, welche erst Rhabanus und Ratramnus zu beantworten suchen. Was Paschasius über die erwähnten Fragen sagt, ist nicht neu. Von einem corpus spiritale, einer esca spiritalis in der Eucharistie hatte schon Ambrosius gesprochen [1]. Auch die Behauptung, dass in der Eucharistie derselbe Leib zugegen sei, den Christus hier auf Erden gehabt, findet sich schon bei den Vätern, wie sie ja auch in der Stelle des Ambrosius, auf welche Paschasius sich beruft, angedeutet ist [2]. Ueberhaupt enthält die ganze eucharistische Lehre Radberts nichts, was nicht in den Vätern seine Begründung hätte. Er bezweckte ja auch, wie er selbst in dem Widmungsschreiben an Warin erklärt [3], nichts weiter als eine Darstellung der Lehre von der Eucharistie auf Grund des reichen Materials, das in den Schriften der Väter über diesen Gegenstand niedergelegt war (ex quibus [sc. Ecclesiae doctoribus] pauca de pluribus quasi lac teneritudinis eliquaverimus), damit Warin durch die Lehre der Väter zu höherer Erkenntniss fortschreiten könne. Diesen Zweck habe er theils durch wörtliche Citation, theils durch die Anführung nur dem Sinne nach zu erreichen gesucht. Damit hat er selbst seine Stellung zu den Vätern bestimmt. Nicht Neues will er lehren, sondern nur das, was schon die Väter gelehrt haben. Von einem Gegensatze zu der patristischen Lehre kann deshalb ebensowenig die Rede sein, wie sich behaupten lässt, dass die Lehre des Abtes von Korvey inhaltlich als eine weitere Entwicklung gegenüber derjenigen der Väter zu bezeichnen sei. Dagegen — und hierin finden wir die eigentliche Bedeutung des Paschasius — zeigt sich darin ein grosser Fortschritt, dass Radbert das, was die Väter an verschiedenen Stellen und gelegentlich über die Eucharistie gelehrt haben, zusammengefasst und eben durch diese Zusammenfassung und theilweise auch durch die nähere Entwicklung des bei den Vätern Gegebenen der kirchlichen Lehre über das Altarssacrament eine festere Stütze gegeben hat. Ein System hat er freilich nicht gebildet, aber

---

[1] De myst. c. 9, Migne 16, 408.
[2] Aussprüche anderer Väter bei Mabill., Acta l. c. n. 53.
[3] Ep. ad Placid., Migne 120, 1268.

gerade in diesem Bestreben, die Gesamtheit der bis dahin entwickelten Lehren über die Eucharistie zur Darstellung zu
bringen, die Uebereinstimmung der Väter nachzuweisen, schein-
bare Differenzen auszugleichen, die zerstreuten und vereinzelten
Aussprüche der Väter zu einem geordneten Ganzen zu vereinigen,
sowie in dem sich oft geltend machenden Ansatze zur specu-
lativen Entfaltung und Begründung des patristischen Materials
zeigt er sich als den Vorläufer der Scholastik des Mittelalters
mit ihrem so wundervoll gegliederten und auf die Väter sich
stützenden Lehrgebäude[1].

---

[1] Vgl. Herzog, Realencyclopädie, Art. Radbertus.